HAMBÚRGUER VEGETARIANO

Creatively Independent

Título original: *Veggie Burger Atelier*

Publicado originalmente nos Estados Unidos em 2017 pela Quarry Books, selo de The Quarto Group, 100 Cummings Center, Suite 265-D, 01915, Beverly, Massachussets, Estados Unidos.

Copyrighy © 2018 Quarto Publishing Group USA Inc.
Copyrighy © 2018 Publifolha Editora Ltda.

Todos os direitos reservados. Nenhuma parte desta obra pode ser reproduzida, arquivada ou transmitida de nenhuma forma ou por nenhum meio sem a permissão expressa e por escrito da Publifolha Editora Ltda.

Proibida a comercialização fora do território brasileiro.

Coordenação do projeto: Publifolha
Editora-assistente: Fabiana Grazioli Medina
Coordenadora de produção gráfica: Mariana Metidieri

Produção editorial: A2
Coordenação editorial: Sandra R. F. Espilotro
Tradução: Gabriela Erbetta
Consultoria: Luana Budel
Preparação de texto: Carla Fortino
Revisão: Carmen T. S. Costa, Andressa Veronesi
Editoração eletrônica: A2

Edição original: Quarry Books
Receitas, capa, projeto gráfico e fotos: Nina Olsson

NOTA DO EDITOR

Apesar de todos os cuidados tomados na elaboração das receitas deste livro, os editores não se responsabilizam por erros ou omissões decorrentes da preparação dos pratos.

Pessoas com restrições alimentares, grávidas e lactantes devem consultar um médico especialista sobre os ingredientes de cada receita antes de prepará-la.

As fotos deste livro podem conter acompanhamentos ou ingredientes meramente ilustrativos.

Observações, exceto se orientado de outra forma:
Use sempre ingredientes frescos.
O forno deve ser preaquecido na temperatura indicada na receita.
Equivalência de medidas:
1 colher (chá) = 5 ml
1 colher (sopa) = 15 ml
1 xícara (chá) = 250 ml

Nas listas de ingredientes, as indicações entre colchetes correspondem à consultoria culinária específica para a edição brasileira.

Para ovolactovegetarianos: procure se certificar com os fabricantes se o coalho utilizado na produção dos queijos à base de leite de vaca é de origem microbiana ou vegetal, e não animal. Para saber mais, o site Vista-se, portal dedicado à cultura vegana, pode ser útil: <https://www.vista-se.com.br/o-consumo-de-queijos/>.

Dados Internacionais de Catalogação na Publicação (CIP)
(Câmara Brasileira do Livro, SP, Brasil)

Olsson, Nina
   Hambúrguer vegetariano : receitas surpreendentes de hambúrgueres à base de grãos, legumes, oleaginosas e sementes, pães, molhos e acompanhamentos / Nina Olsson ; [tradução Gabriela Erbetta]. -- São Paulo : Publifolha, 2018.

   Título original: Veggie burger atelier
   ISBN: 978-85-94111-18-0

   1. Culinária (Receitas) 2. Culinária vegetariana 3. Hambúrgueres 4. Substitutos de carne I. Título.

18-17446   CDD-641.5636

Índices para catálogo sistemático:
1. Hambúrgueres vegetarianos : Receitas : Culinária 641.5636
Maria Paula C. Riyuzo - Bibliotecária - CRB-8/7639

Este livro segue as regras do Acordo Ortográfico da Língua Portuguesa (1990), em vigor desde 1º de janeiro de 2009.

Impresso na China.

PubliFolha

Divisão de Publicações do Grupo Folha
Al. Barão de Limeira, 401, 6º andar
CEP 01202-900, São Paulo, SP
www.publifolha.com.br

HAMBÚRGUER VEGETARIANO

Receitas surpreendentes de hambúrgueres
à base de grãos, legumes, oleaginosas e sementes,
pães, molhos e acompanhamentos

Nina Olsson

PubliFolha

Sumário

- 6   Introdução
- 10   O básico: a anatomia de um hambúrguer vegetariano perfeito
- 22   Norte da Europa
- 52   Sul da Europa
- 76   Oriente Médio e norte da África
- 98   Ásia
- 130   Estados Unidos e América Latina
- 154   Guia rápido para criar hambúrgueres vegetarianos
- 156   Agradecimentos / Sobre a autora
- 157   Índice

POR QUE ESCREVI UM LIVRO SOBRE HAMBÚRGUERES VEGETARIANOS

Na minha opinião, hambúrgueres vegetarianos são completos: camadas de sabores em perfeita harmonia. Quando meu editor me chamou para conversar sobre um possível projeto, logo ficou claro que – SIM! – meu amor por hambúrgueres vegetarianos poderia ser transformado em livro. Aqui, reuni receitas inspiradas por sabores do mundo inteiro. São todas deliciosas, fáceis de fazer e levam ingredientes benéficos à saúde.

Sou fã de comida saudável há muitos anos e vegetariana convicta com tendência para transformar pratos tentadores de fast-food, como pizzas, tacos e hambúrgueres, em versões novas e nutritivas. Minha família é doida por hambúrgueres vegetarianos; com frequência os preparamos juntos para aproveitar uma verdadeira refeição feliz em casa. Muitas pessoas ainda acreditam que a comida vegetariana saudável é sem graça, e adoro ver a reação delas quando experimentam um sanduíche perfeito – sobretudo aquele momento de surpresa ao perceber que o prato fica realmente delicioso quando é feito da maneira correta.

Nem sempre o hambúrguer vegetariano foi um sucesso, como é hoje. Sua história seguiu mais ou menos o enredo de *O patinho feio*, que acabou se tornando um belo cisne – primeiro desprezado, depois um triunfo. Nos anos anteriores à explosão da nova onda vegetariana em blogs gastronômicos e nas redes sociais, ninguém dava muito valor a esse tipo de receita. Muitas vezes, era considerada apenas uma triste escolha: "empapada", "sem sabor" e "desinteressante" foram termos usados com frequência para descrevê-la.

Mas tudo isso ficou para trás: o hambúrguer vegetariano percorreu um longo caminho nos últimos tempos. Hoje, é um prato comentado e celebrado à mesa, e todo chef de renome cria versões únicas à base de vegetais para clientes entusiasmados. As pessoas procuram e conhecem vários restaurantes que servem esse tipo de hambúrguer, e elas têm bons motivos para isso: com tanta gente querendo comer de um modo mais natural e saudável, a competição pela melhor receita disparou. Agora é tudo tão delicioso e atraente que, neste admirável mundo novo, mesmo quem come carne pode preferir uma alternativa vegetariana.

Deixando de lado a badalação e o modismo, adoro a versatilidade e a criatividade envolvidas nesses hambúrgueres, com infinitas possibilidades e variações. Aprender a prepará-los equivale a entender a alquimia dos vegetais. Este livro mostra como você pode criá-los facilmente e com diferentes combinações de sabores.

INTRODUÇÃO

COMO USAR ESTE LIVRO

As receitas deste livro são fáceis de preparar e de adaptar. Se algum tempero ou grão em particular estiver em falta na sua despensa, não deixe que isso o impeça de fazer o sanduíche: substitua por algo semelhante. Muitos pratos são apropriados para veganos ou podem ser facilmente ajustados para eles.

Você também encontrará uma variedade de molhos, pastas e complementos que podem ser combinados à vontade. Diversas especialidades culinárias ao redor do mundo inspiraram os hambúrgueres, mas personalizá-los é uma excelente maneira de saborear suas próprias criações.

GARFO OU PROCESSADOR

Neste livro, a maior parte das massas de hambúrguer é feita com uma mistura de ingredientes. Existe mais de uma maneira de prepará-las – fique à vontade para escolher a que achar mais adequada. Você pode trabalhar a massa com as mãos, um garfo ou processador. Caso use as mãos ou um garfo, corte vegetais e cogumelo refogado em pedaços menores e amasse o feijão antes de juntar aos outros ingredientes. Com o processador, tome cuidado para não bater demais.

PARA MODELAR OS HAMBÚRGUERES

É fácil usar as mãos, mas você também pode usar um aro de metal e preencher com a massa. Use uma espátula para transferir o hambúrguer para a frigideira e, depois, para colocá-lo no pão.

FORNO OU FRIGIDEIRA

Todos os hambúrgueres fritos também podem ser assados. Geralmente prefiro a frigideira, pois a consistência fica mais firme e a textura mais crocante – mas o forno é uma ótima opção. Fritar hambúrguer é uma habilidade que se adquire, da mesma forma que fazer panquecas perfeitas: depois de preparar alguns, você aprende, e a prática leva à perfeição. Para obter o melhor resultado, frite um de cada vez e sirva quente, assim que ficar pronto.

TEMPO E TEMPERATURA

Não é necessário deixar a massa descansar na geladeira antes de modelar e fritar, mas isso a torna mais firme e fácil de trabalhar. O tempo na frigideira pode variar de acordo com o fogão, e a temperatura terá diferentes resultados em cada caso. Fique de olho no hambúrguer enquanto doura, para não deixar queimar. A massa não precisa cozinhar da mesma maneira que as versões feitas com carne: basta aquecer e deixar a superfície apetitosa. Não há ciência alguma nisso – confie em seus sentidos.

VERSÕES SEM GLÚTEN

Todos os acompanhamentos e sugestões deste livro podem ser trocados pelos que você preferir: use pão sem glúten ou, no lugar dele, avocado, um oniguiri feito de arroz japonês ou cogumelo portobello. Quando houver molho de soja na lista de ingredientes, substitua por tamari ou pela versão sem glúten. As massas de hambúrguer feitas com misturas de ingredientes podem ser facilmente enroladas para fazer almôndegas vegetarianas, acompanhar saladas ou outros pratos sem glúten.

VERSÕES VEGANAS

Quando laticínios ou ovos aparecerem na lista de ingredientes, substitua pelas alternativas veganas.

O BÁSICO

A ANATOMIA DE UM HAMBÚRGUER VEGETARIANO PERFEITO

As receitas deste livro são muito flexíveis: você pode substituir ingredientes por produtos semelhantes e usar as mãos ou um garfo no lugar do processador. Neste capítulo, veja como ajustar a massa para obter o melhor ponto, além de mais sabor e suculência. E, nas páginas 154-5, consulte a tabela para saber como combinar e escolher ingredientes diversos na hora do preparo.

Qualquer pessoa pode aperfeiçoar a maneira de fazer excelentes hambúrgueres vegetarianos – e este capítulo mostra como usar os ingredientes e as técnicas.

Mãos à obra!

O básico

OS QUATRO ELEMENTOS

Conhecer os quatro elementos essenciais ao hambúrguer vegetariano perfeito – textura, sabor, firmeza e suculência – é o segredo para criar receitas incríveis.

1. TEXTURA

A consistência de um alimento afeta diretamente seu sabor e tem o poder de enriquecer ou arruinar a composição do hambúrguer vegetariano. Regra geral: texturas mais rústicas, com pedaços, são melhores do que algo pastoso, como um purê. Há exceções, é claro: o interior cremoso do hambúrguer de faláfel é compensado pela superfície crocante. Na hora de usar o processador, lembre-se do ditado "menos é mais". Trabalhe com porções da massa e bata apenas por alguns segundos, para quebrar os fragmentos maiores e obter uma textura grosseira.

A variedade de ingredientes contribui para uma textura apetitosa. Bocados com pedaços de feijões e lentilhas, oleaginosas picadas, tiras de cebola e cenoura são ótimos, mas as verdadeiras estrelas são grãos como cevada, arroz e freekeh. Se você tostar, ficam ainda mais saborosos e amendoados. Para deixar crocante, passe os hambúrgueres em farinha panko ou migalhas de pão tostadas ou farinha de rosca antes de fritar.

O pão também desempenha um papel importante no sabor. A textura ideal para complementar diversos tipos de massas de hambúrguer tem casca fina, firme, interior macio e grãos integrais.

2. SABOR

Hambúrgueres à base de vegetais são telas em branco que precisam de especiarias e temperos. O sabor mais importante é o umami, um dos cinco gostos básicos sentidos pelo ser humano. Carnes e frutos do mar estão repletos dele, mas as versões vegetarianas necessitam de um pouco mais: seja criativo. Soja, cogumelo, tomate seco, alho, cebola, oleaginosas, óleo de gergelim torrado e levedura nutricional estão entre os ingredientes ricos em umami mais populares na cozinha vegana. Em receitas vegetarianas o umami pode ser realçado com queijos e ghee, para fritar.

Adicionar alimentos com sabores marcantes, como couve-flor e erva-doce, deixa os hambúrgueres mais apetitosos. Ervas e especiarias acrescentam personalidade: use generosamente.

As papilas gustativas humanas são sensibilizadas positivamente por comida aquecida, preparada diretamente sobre as chamas do fogo ou defumada (isso ajudava nossos ancestrais a digeri-la mais facilmente). A fumaça líquida, ou a versão em pó, dá aquele gosto superdefumado; vegetais tostados como acompanhamento ou na massa do hambúrguer também contribuem com um toque delicioso.

Embora a massa deva ser saborosa, ela corresponde a apenas uma parte do sabor total. Acompanhamentos e molhos picantes e refrescantes equilibram o sanduíche. É a harmonia de sabores que deixa o hambúrguer delicioso: combine frescor, picância e acidez para uma receita perfeita.

PLANTAS MÁGICAS!

Combinar os ingredientes em uma massa de hambúrguer é uma questão de equilíbrio. Você pode desenvolver seus próprios sabores ao associar os quatro elementos fundamentais. Confira o Guia rápido para criar hambúrgueres vegetarianos (p. 154) para ter uma visão geral de como fazer.

3. FIRMEZA

Quando você aperfeiçoa o sabor e a textura, precisa pensar em como dar liga ao preparo. Considere a umidade da massa: em excesso, o hambúrguer fica empapado, pesado e se desfaz ao ser manuseado; muito seca, ele vai se despedaçar. Frite ou asse os vegetais, como cogumelo e berinjela, antes de acrescentar à massa, para reduzir sua umidade natural. Prepare a mistura com tomate seco ou extrato de tomate e deixe as rodelas frescas para a montagem do sanduíche.

Ovos são usados com frequência para dar liga à massa, mas não gosto muito de trabalhar com eles. Às vezes incluo um "ovo" de chia, que é nutritivo e ajuda a dar consistência. Faça-o desta maneira: hidrate 1 colher (sopa) de semente de chia em 3 colheres (sopa) de água por 15 minutos. O resultado é um gel grudento que se mistura bem a outros ingredientes.

Dicas para deixar a massa de hambúrguer com boa consistência:

1. Não bata demais. Texturas variadas dão boa liga.

2. Bata uma pequena parte da massa, deixando-a mais homogênea que o restante, para ajudar as porções de textura mais rústica.

3. Absorva o excesso de umidade da massa acrescentando aveia ou grãos triturados e, depois, não se esqueça de ajustar os temperos.

As versões vegetarianas não precisam reproduzir o sabor e a textura dos hambúrgueres clássicos – ao contrário, podem tomar direções variadas. Morder um hambúrguer de cogumelo macio, mas estruturado, é divino – e há muitos outros aspectos e consistências deliciosos. Um dos ingredientes mais populares para dar liga é o feijão-preto. Ao lado da aveia, ele cria uma massa que poderia ser chamada de "bem-passada". O hambúrguer de beterraba e quinoa, por outro lado, seria classificado de "ao ponto", pois tem consistência mais maleável. A maneira mais fácil de criar um hambúrguer que não se desfaça é usar apenas um ingrediente; uma fatia de batata-doce ou de beterraba assada, de um queijo de massa fechada e textura firme, como halloumi ou queijo de coalho, pode se transformar facilmente em um hambúrguer delicioso e suculento quando colocada entre dois pedaços de pão com outros acompanhamentos.

4. SUCULÊNCIA

Encontrar o equilíbrio de umidade faz toda a diferença. Minimize o excesso que fica depois de cozinhar, lavar e escorrer ingredientes e privilegie caldos naturais de vegetais e outros componentes que dão mais sabor. Se tiver tempo, espere o arroz e as leguminosas cozidas secarem naturalmente por 30 minutos – espalhe-os sobre um pano de louça limpo ou sobre uma assadeira forrada de papel-toalha. Frite rapidamente ingredientes recém-lavados em uma panela sem gordura ou seque-os um pouco dentro do forno. Deixe a massa com uma suculência saborosa ao acrescentar molho de soja, pimenta ou molho barbecue, azeite ou suco de limão. Também é possível usar beterraba, abobrinha ou cenoura. Cebola e cogumelo são excelentes e ainda contribuem com umami.

Em geral, boa parte da suculência do hambúrguer vem dos molhos e acompanhamentos. Maionese e molho de pimenta ou ketchup com alface e tomate ou avocado são combinações clássicas que nunca falham. Mas por que parar por aí se essa é uma das suas comidas prediletas? Existem muitos outros molhos e acompanhamentos deliciosos para variar as receitas por um bom tempo.

O BÁSICO

UTENSÍLIOS

Modele os hambúrgueres com as mãos ou aros de metal.

A melhor maneira de prepará-los é usar um garfo para amassar e as mãos para misturar os ingredientes.

Outros utensílios úteis:

1. Faca afiada
2. Tigelas
3. Ralador
4. Frigideira de borda baixa
5. Espátula
6. Balança
7. Copos e colheres medidores
8. Processador

O PODER DO UMAMI

Ele é o quinto gosto básico do paladar – e um acréscimo essencial a qualquer massa de hambúrguer. Entre os ingredientes que conferem umami aos hambúrgueres vegetarianos estão cogumelos, alho, molho de soja, algas marinhas, queijo e levedura nutricional.

O BÁSICO

O hambúrguer vegetariano básico

Como você viu, preparar hambúrgueres vegetarianos é fácil quando os elementos são corretamente balanceados. A estrutura que apresento a seguir é um ponto de partida, mas você pode criar outras combinações de acordo com suas preferências:

• **Leguminosas:** Feijões ou lentilhas, ou uma mistura de ambos, são uma excelente maneira de começar. O feijão-preto é a escolha certa, mas em geral todas as variedades dão boa liga. Use tipos firmes de lentilha e evite a vermelha, mais macia, pois pode ficar muito pastosa.

• **Grãos:** Variedades cozidas e ricas em amido como arroz, triguilho e freekeh [trigo verde] são ideais para deixar o hambúrguer consistente. Aveia e farinha de rosca também funcionam. Misturar os grãos resulta em texturas diferentes; aveia e arroz combinam muito bem.

• **Vegetais:** Cebola, cogumelo ou berinjela refogados acrescentam suculência e um sabor rico em umami. Couve-flor e erva-doce também valorizam o paladar.

• **Temperos:** Alho, ervas, especiarias, pimentas, molho de soja ou tamari, queijo, levedura nutricional e outros dão um sabor delicioso. Capriche para que o seu hambúrguer tenha uma boa quantidade de umami.

HAMBÚRGUER VEGETARIANO BÁSICO

LEGUMINOSAS | GRÃOS | VEGETAIS | TEMPEROS

Essa receita básica – uma combinação de leguminosas, grãos, vegetais e temperos – segue a estrutura simples resumida na página anterior. Ajuste a quantidade de cada grupo de ingredientes para criar uma mistura grudenta que se mantenha firme. Para deixá-la mais densa, acrescente alimentos ricos em amido, como grãos e leguminosas, então prove e acerte os temperos. Faça sua escolha a partir das sugestões a seguir ou use ingredientes semelhantes para criar seu próprio hambúrguer.

1. Em uma tigela grande, misture todos os ingredientes do hambúrguer, menos o azeite e o pão. Passe porções da mistura pelo processador, batendo por alguns segundos para obter uma textura grosseira, com pedaços – não deixe ficar farinhento. Recoloque cada porção na vasilha e tente formar um hambúrguer, testando se a massa dá liga. Ajuste a consistência juntando mais grãos secos, caso a mistura esteja muito úmida; ou mais ingredientes suculentos, se estiver muito seca. Prove e acerte o sal ou os outros temperos.

2. Cubra a tigela e leve à geladeira por 15 minutos, ou até 24 horas. Divida em quatro porções iguais e modele os discos.

3. Aqueça uma frigideira em fogo médio-alto com um fio de azeite e frite os hambúrgueres por 3-4 minutos de cada lado, até dourar. Outra opção é assá-los em uma assadeira baixa em forno preaquecido a 190°C por 15-20 minutos, virando-os com cuidado na metade do tempo.

   Você também pode combinar os dois métodos: preaqueça o forno a 190°C e aqueça uma frigideira em fogo médio-alto. Junte um fio de azeite e frite os hambúrgueres por 2-3 minutos no total, virando, até dourar. Transfira para uma assadeira baixa e asse por cerca de 10 minutos, virando com cuidado na metade do tempo. Esse método confere uma crosta crocante aos hambúrgueres, além de assá-los por completo.

4. Monte os sanduíches com o hambúrguer, o pão e ingredientes para incrementar.

Rende 4 unidades.

Para o hambúrguer

300 g de cogumelo-de-paris, ou berinjela, ou cebola, ou beterraba, salteado e picado grosseiramente, mais um pouco se necessário

298 g de feijão, ou lentilha, cozido, escorrido e amassado com um garfo, mais um pouco se necessário

70 g de arroz integral, ou triguilho, ou freekeh, cozido, mais um pouco se necessário

40 g de aveia, ou outro cereal em flocos, mais um pouco se necessário

3 dentes de alho amassados

2 colheres (sopa) de levedura nutricional ou parmesão ralado na hora

2 colheres (sopa) de molho de soja ou tamari

¾ de colher (chá) de sal, mais a gosto

¼ de colher (chá) de pimenta-do-reino moída na hora, mais a gosto

ervas, especiarias, queijos ou outros sabores marcantes (opcional)

azeite ou ghee, para fritar

4 pães de hambúrguer cortados ao meio e tostados levemente

Hambúrguer vegetariano básico (p. 21) com endro, suco de limão-siciliano e Maionese de mostarda (p. 38).

NORTE DA EUROPA

Nessa região, os invernos são longos e gelados. E só prosperam os vegetais mais resistentes, como raízes, cebola e repolho. Apesar do clima severo, a cozinha do norte da Europa está longe de ser limitada ou sem graça. Fazendo um bom uso de ingredientes como alho e alho-poró, além de cebolinha-francesa e endro (conhecido como "o alho do norte"), há muito o que aproveitar.

Espelta, aveia, cevada e centeio são grãos comuns na região. Para obter um sabor nórdico inconfundível, adicione aos hambúrgueres raízes, ervas, cogumelos, cebola e oleaginosas, ou acrescente algas para um sabor típico do mar.

As receitas nórdicas muitas vezes se valem da acidez de ingredientes como picles, pepino em conserva, chucrute ou cebola agridoce. O uso de mostarda e raiz-forte é comum para adicionar picância.

ESTROGONOFE-BÚRGUER

PÁPRICA DEFUMADA | COGUMELO-DE-PARIS | ARROZ INTEGRAL | PEPINO EM CONSERVA

Essa receita foi inspirada no famoso clássico russo, o estrogonofe – não é à toa que o prato, repleto do sabor defumado e picante da páprica, também faz sucesso longe do país de origem. A combinação do sabor peculiar do cogumelo com a intensidade do suco de limão-siciliano valoriza o paladar. Sirva com sour cream, ou coalhada seca, e picles, para uma experiência inesquecível.

1. Para o hambúrguer, preaqueça o forno a 180°C. Espalhe o cogumelo, o feijão-preto e a cebola em uma assadeira baixa. Tempere levemente com sal e o tomilho. Asse por 35 minutos, misturando tudo depois de 15-20 minutos. Retire do forno e espere esfriar.

2. Passe o pimentão e os ingredientes assados pelo processador; pulse algumas vezes, até obter pedaços pequenos. Transfira para uma tigela grande e junte os ingredientes restantes; tempere com sal e pimenta-do-reino. Cubra a tigela e leve à geladeira por 15 minutos, ou até 24 horas.

3. Divida a massa em quatro porções iguais e modele os discos. Aqueça uma frigideira em fogo médio-alto e regue com um fio de óleo ou 1 colher (sopa) de ghee. Frite os hambúrgueres por 2-4 minutos de cada lado. Tempere levemente com sal e pimenta-do-reino.

4. Monte os sanduíches com o hambúrguer, o pão e as sugestões para incrementar.

Rende 4 unidades.

Para o hambúrguer

400 g de cogumelo-de-paris picado
110 g de feijão-preto cozido, escorrido e amassado com um garfo
1 cebola em quartos
¾ de colher (chá) de sal
1 colher (sopa) de tomilho
220 g de pimentão vermelho em conserva
300 g de lentilha cozida
2 colheres (sopa) de tahine
2 colheres (sopa) de óleo de canola
2 colheres (sopa) de suco de limão-siciliano
2 dentes de alho amassados
1 colher (sopa) de páprica defumada
1 colher (sopa) de fumaça líquida (opcional)
50 g de arroz integral cozido
2 colheres (sopa) de salsa picada, mais 1 colher (chá)
2¼ colheres (chá) de sriracha ou outro molho de pimenta a gosto
1 colher (chá) de sal, mais um pouco se necessário
pimenta-do-reino moída na hora a gosto
óleo ou ghee, para fritar

4 pães de hambúrguer cortados ao meio e tostados levemente

Para incrementar

pepino em conserva fatiado
sour cream*, coalhada seca ou coalhada vegana
salsa
pimentão grelhado (opcional)

* O sour cream pode ser encontrado pronto nos supermercados. Se preferir fazê-lo em casa, bata vigorosamente, com fouet ou mixer, 1 colher (sopa) de suco de limão-taiti para cada xícara (chá) de creme de leite fresco.

NÓRDICO

TOFU DEFUMADO | ENDRO | PASTINACA ASSADA | MOLHO DE ERVILHA

Com aroma forte, o endro é a erva mais associada à cozinha escandinava. Esse hambúrguer com tofu defumado e tempero característico traz lembranças dos sabores do litoral nórdico. Aqui, é combinado com mostarda e o Molho de ervilha – tão refrescantes quanto os ventos do mar do Norte. Finalize com pastinaca assada para uma textura mais encorpada e um sabor adocicado.

1. Preaqueça o forno a 200°C.

2. Para o molho, bata todos os ingredientes no liquidificador até ficar homogêneo. Mantenha na geladeira até a hora de montar os sanduíches.

3. Coloque a pastinaca em uma assadeira baixa e leve ao forno por 20 minutos, ou até dourar, virando na metade do tempo. Reserve.

4. Para os hambúrgueres, aqueça uma frigideira em fogo médio-alto e regue com um fio de óleo de canola ou 1 colher (sopa) de ghee. Junte a cebola e refogue por 5-7 minutos, até ficar translúcida. Acrescente o feijão-preto e refogue por 1-2 minutos, ou até que o excesso de água evapore. Transfira para uma tigela grande.

Adicione as 3 colheres (sopa) de óleo de canola e os ingredientes restantes; misture. Coloque no processador e bata por alguns segundos, para o feijão despedaçar – a textura deve ser grosseira, e não de purê. Cubra a tigela e leve à geladeira por 15 minutos, ou até 24 horas.

Divida em quatro porções iguais e modele os discos. Aqueça uma frigideira em fogo médio-alto com um fio de óleo de canola ou 1 colher (sopa) de ghee. Frite os hambúrgueres por 2-4 minutos de cada lado. Tempere levemente com sal e pimenta-do-reino.

5. Monte os sanduíches com o hambúrguer, o pão, o molho e as sugestões para incrementar. Sirva imediatamente.

Rende 4 unidades e cerca de 2 xícaras (chá)/360 g de Molho de ervilha.

Para o Molho de ervilha
195 g de ervilha congelada
75 g de pinhole ou outra oleaginosa
¼ de xícara (chá) de suco de limão-
   -siciliano
2 colheres (sopa) de óleo de canola
1 colher (sopa) de gengibre ralado
¼ de colher (chá) de sal
água, o suficiente para diluir

Para o hambúrguer
3 colheres (sopa) de óleo de canola,
   mais um pouco, ou ghee, para fritar
½ xícara (chá) de cebola picada
298 g de feijão-preto cozido, escorrido
   e amassado com um garfo
200 g de tofu defumado despedaçado
2 cebolinhas picadas
¼ de xícara (chá) de endro picado
2 colheres (sopa) de suco de limão-
   -siciliano
¾-1 colher (chá) de sal, mais a gosto
2 colheres (sopa) de levedura nutricional
   ou parmesão ralado na hora
75 g de aveia em flocos
pimenta-do-reino moída na hora
   a gosto

4 pães de hambúrguer cortados ao
   meio e tostados levemente

Para incrementar
6-8 pastinacas [ou mandioquinhas]
   aparadas e cortadas em quartos no
   comprimento
4 colheres (chá) de mostarda, 1 colher
   (chá) para cada hambúrguer
alho-poró fatiado
alface
pepino fatiado

NORTE DA EUROPA

Receita de Brioche clássico (p. 67).

NORTE DA EUROPA

PARISIENSE

LENTILHA PUY | ERVAS DE PROVENCE | GRUYÈRE | GELEIA DE DAMASCO

Voilà – eis um legítimo cheesebúrguer francês. A cozinha clássica da França é sinônimo de vinho e ervas, e essa receita nos traz esses sabores ao reunir a intensidade do estragão à sutileza do tomilho. Para dar corpo à massa, lentilhas são combinadas a farinha de rosca tostada, mostarda, mel e echalota. Cobrir com fatias de gruyère dá um toque salgado ao hambúrguer vegetariano. Chips de raízes deixam o sanduíche ainda mais crocante; prepare em casa ou compre prontos. Gosto de usar um mix de chips de beterraba e batata-doce.

1. Preaqueça o forno a 220°C.

2. Para os hambúrgueres, aqueça uma frigideira em fogo médio-alto com um fio de azeite ou 1 colher (sopa) de ghee. Refogue a echalota e as ervas de Provence por cerca de 5 minutos, até ficar macia e translúcida. Transfira para uma tigela grande e junte os ingredientes restantes, menos o gruyère e os pães. Misture com as mãos, até obter uma consistência grudenta.

   Prove e acerte os temperos com mais sal e pimenta-do-reino, se necessário. Cubra a tigela e leve à geladeira por 15 minutos, ou até 24 horas.

3. Divida a massa em quatro porções iguais e modele os discos. Coloque em uma assadeira baixa e leve ao forno por 15-18 minutos; vire com cuidado na metade do tempo.

4. Quando faltarem 3-4 minutos para os hambúrgueres ficarem prontos, coloque uma fatia de queijo sobre cada um. Monte os sanduíches com o hambúrguer, o pão e as sugestões para incrementar.

Rende 4 unidades.

Para os hambúrgueres

azeite ou ghee, para fritar
130 g de echalota* em rodelas finas
1 colher (sopa) de ervas de Provence** ou estragão
400 g de lentilha puy [ou lentilha canadense] cozida
50 g de arroz integral cozido
2 dentes de alho amassados
2 colheres (sopa) de tomilho
1 colher (sopa) de vinagre de vinho tinto
¾ de colher (chá) de sal, mais a gosto
¼ de colher (chá) de pimenta-do-reino moída na hora, mais a gosto
1 colher (sopa) de mostarda
1 colher (chá) de mel ou açúcar mascavo
40 g de farinha de rosca tostada ou farinha panko
4 fatias de gruyère
4 pães de hambúrguer cortados ao meio e tostados levemente

Para incrementar

Cebola caramelizada (p. 32)
geleia de damasco (ou outra geleia de sua preferência)
Maionese ou Maionese vegana (p. 152)
Chips de raízes (p. 138; opcional)

---

* A echalota é um tipo de cebola com sabor levemente adocicado e mais suave. Caso não encontre, substitua por cebola pérola ou cebola roxa, neste caso em menor quantidade que a pedida na receita.

** Esse mix consiste em: alecrim, sálvia, manjericão, manjerona, tomilho, segurelha e louro.

NORTE DA EUROPA

CEBOLA CRUA
CEBOLA | RASPAS DE CÍTRICOS

Sei que pareço atrevida por incluir uma receita de cebola crua, então quero dizer algumas coisas sobre esse elemento de sabor naturalmente forte. O importante aqui é a maneira de cortá-la – tudo se resume à textura. Fatie finamente ou pique em cubos minúsculos. Dica: para suavizar a picância da cebola crua, mergulhe-a por 20 minutos em água gelada, lave e escorra.

Esse acompanhamento, só assim, já é perfeito. Mas se quiser dar um toque especial, refrescante, junte ½ colher (chá) de raspas de limão-siciliano ou limão-taiti e 1 colher (sopa) de ervas picadas para cada porção. Calcule 1 colher (sopa) de cebola crua picada por pessoa ou 1 cebola média para quatro sanduíches.

PICLES DE CEBOLA
CEBOLA ROXA | VINAGRE DE MAÇÃ

O tom roxo deixa o sanduíche com aparência irresistível. Ele é um contraponto agridoce ousado para receitas salgadas e picantes. Caso faça uma dieta com restrição de açúcar, desconsidere o xarope de agave – mas esse leve toque adocicado deixa tudo ainda mais delicioso.

1 cebola roxa média em rodelas finas
½ xícara (chá) de vinagre de maçã
1 colher (sopa) de xarope de agave ou açúcar
½ colher (chá) de sal, mais a gosto

Em uma vasilha grande de vidro, misture todos os ingredientes. Mantenha na geladeira, em recipiente de fecho hermético, por 3-4 dias.

Rende 80-100 g (8-10 porções).

VARIAÇÃO
Substitua o vinagre de maçã por vinagre de arroz e o xarope de agave (ou açúcar) por açúcar de coco.

CRISPS DE ECHALOTA
ECHALOTA | AZEITE

Acrescentar echalotas crocantes a um sanduíche, sobretudo se a massa do hambúrguer for macia, torna o conjunto perfeito. Essa receita básica leva apenas echalota e azeite, mas você pode aprimorar: passe as rodelas finas em farinha de arroz, antes de fritar, para deixar ainda mais crocante. Experimente também com outra cebola de sua preferência.

azeite, para fritar
1 echalota [p. 29] pequena em rodelas finas por porção
1 colher (sopa) de farinha de arroz por porção (opcional)

Passe a echalota na farinha de arroz e chacoalhe para retirar o excesso. Aqueça um pouco de azeite em uma frigideira em fogo médio-alto. Frite a echalota por 8-10 minutos, até dourar, mexendo sempre para não queimar. Retire com uma escumadeira e passe para uma vasilha forrada com papel-toalha, até esfriar.

O rendimento varia de acordo com a quantidade de echalota.

Cebola caramelizada (p. 32).

CEBOLA CARAMELIZADA
GHEE | CEBOLA | VINAGRE DE MAÇÃ

Uma mágica acontece quando a cebola é aquecida e refogada lentamente na gordura. O calor suave libera a doçura natural da hortaliça e a deixa deliciosamente caramelizada. A ideia é mexer sem parar, para não ficar crocante – a cebola deve cozinhar em seus próprios sucos, além da manteiga ou óleo. Prefiro ghee ou azeite, mais saborosos, embora óleo de coco e de canola também funcionem.

Você pode intensificar a doçura própria do vegetal acrescentando um pouco de açúcar, sidra ou vinho. Para um toque nórdico, sugiro vinagre de maçã. Para deixar mais ácida, use cerveja. Ou, caso queira um toque francês, vinho branco ou tinto.

¼ de xícara (chá) de ghee, óleo de coco ou outra gordura
200 g de cebola em fatias finas
1-2 colheres (sopa) de açúcar de coco ou mascavo (opcional)
100 ml de vinagre de maçã (ou vinagre de vinho branco ou tinto, vinagre balsâmico, vinho tinto, sidra ou cerveja)
1 colher (chá) de tomilho seco (opcional)

Aqueça uma frigideira grande em fogo médio-alto e acrescente 3 colheres (sopa) de ghee (adicione o restante aos poucos para não queimar). Junte a cebola e o açúcar (se desejar), misture e refogue por 6-7 minutos, sem parar de mexer. Abaixe o fogo, adicione o vinagre e o tomilho, mexendo, e deixe no fogo até a cebola absorver todo o líquido. Desligue o fogo e espere esfriar.

Rende cerca de 150 g.

SLAW DE ERVA-DOCE
ERVA-DOCE | MAÇÃ | REPOLHO |
IOGURTE | MAIONESE

A Holanda é famosa pelas comidas que agradam a todos, como panquecas, queijos e pães. O mais importante, porém, é que o país presenteou o mundo com o acompanhamento perfeito para o hambúrguer: a coleslaw. Em holandês, é *koolsla*, o que significa salada de repolho. Esse vegetal da família das crucíferas é um superalimento repleto de vitaminas e fibras, além de pobre em calorias. Como não amá-lo? Essa salada tem erva-doce, que dá um leve toque de anis e harmoniza perfeitamente com a maçã adocicada. Para uma textura irresistível, corte ou pique os ingredientes finamente.

50 g de iogurte natural ou vegano
50 g de Maionese ou Maionese vegana (p. 152)
2 colheres (sopa) de vinagre de maçã
2 colheres (sopa) de suco de limão-siciliano
1 colher (sopa) de mostarda de Dijon
½ colher (chá) de mel ou xarope de agave
um fio de azeite extravirgem
½ colher (chá) de sal, mais um pouco se necessário
¼ de colher (chá) de pimenta-do-reino moída na hora, mais um pouco se necessário
2 bulbos de erva-doce em fatias finas
200 g de repolho verde em tiras finas
1 maçã em fatias finas (escolha uma doce e firme, como a gala)
3 colheres (sopa) de salsa picada

1. Misture os ingredientes líquidos em uma tigela pequena; tempere com sal e pimenta-do-reino.

2. Em uma saladeira grande, junte a erva-doce, o repolho, a maçã e a salsa. Regue com o molho, misture, prove e, se necessário, acerte o sal e a pimenta-do-reino. Sirva imediatamente ou mantenha na geladeira até a hora de servir.

Rende cerca de 700 g.

HOLANDÊS

COUVE-FLOR ASSADA | ALGA MARINHA | COUVE | GOUDA | SLAW DE ERVA-DOCE

Quando a chuva e o vento salgado do mar atingem a Holanda, o povo se reconforta com receitas fáceis e muito saborosas. A couve-flor tornou-se popular no país por conferir a pratos simples um toque sutil, semelhante à mostarda. Esse hambúrguer de couve-flor é enriquecido com alga marinha, coberto com o famoso gouda (que pode ser substituído por um queijo vegano) e finalizado com a refrescante Slaw de erva-doce.

1. Para os hambúrgueres, preaqueça o forno a 210°C. Coloque a couve-flor em uma assadeira baixa e tempere com 1 colher (chá) de sal. Asse por 30 minutos, ou até ficar crocante, virando na metade do tempo.

2. Aqueça um fio de óleo ou 1 colher (sopa) de ghee em uma frigideira em fogo médio-baixo. Junte a cebola e refogue por 3-4 minutos, até ficar translúcida. Acrescente a couve e o alho; refogue por 3-4 minutos, sem parar de mexer. Retire do fogo.

3. Passe a couve-flor pelo processador, pulsando por alguns segundos até ficar com a textura grosseira. Adicione a cebola e a couve; bata por mais alguns segundos. Transfira para uma vasilha grande. Junte os ingredientes restantes, tempere a gosto com sal e pimenta-do-reino e misture para incorporar. Leve à geladeira por 30 minutos, sem cobrir, ou por até 24 horas, coberto.

   Divida a massa em quatro porções iguais e modele os discos. Aqueça uma frigideira em fogo médio-alto com o óleo ou o ghee restantes. Frite os hambúrgueres por 3-4 minutos de cada lado, ou até dourar. Coloque uma fatia de queijo em cada um e retire do fogo quando derreter.

4. Sirva com pão, se desejar, e a slaw.

Rende 4 unidades.

Para os hambúrgueres

500 g de couve-flor em floretes

1 colher (chá) de sal

2 colheres (sopa) de óleo de canola ou ghee, mais um pouco para fritar

70 g de cebola em fatias finas

100 g de couve sem talo picada

1 dente de alho amassado

1 xícara (chá) rasa de alga marinha hijiki ou dulse hidratada, lavada e picada (ou cheiro-verde, ou cebolinha-francesa)

5 colheres (sopa) de endro picado

50 g de farinha de aveia

100 g de arroz integral, ou cevada, cozido

½ xícara (chá) de salsa picada

2 colheres (sopa) de levedura nutricional ou parmesão ralado na hora

2 colheres (sopa) de suco de limão-siciliano

sal e pimenta-do-reino moída na hora a gosto

4 fatias de gouda maturado, queijo vegano ou outro tipo de sua preferência

4 pães de hambúrguer cortados ao meio e tostados levemente

Para incrementar

Slaw de erva-doce (p. 32)

Se você não for vegano ou vegetariano restrito, ovo frito é um acompanhamento delicioso para o hambúrguer.

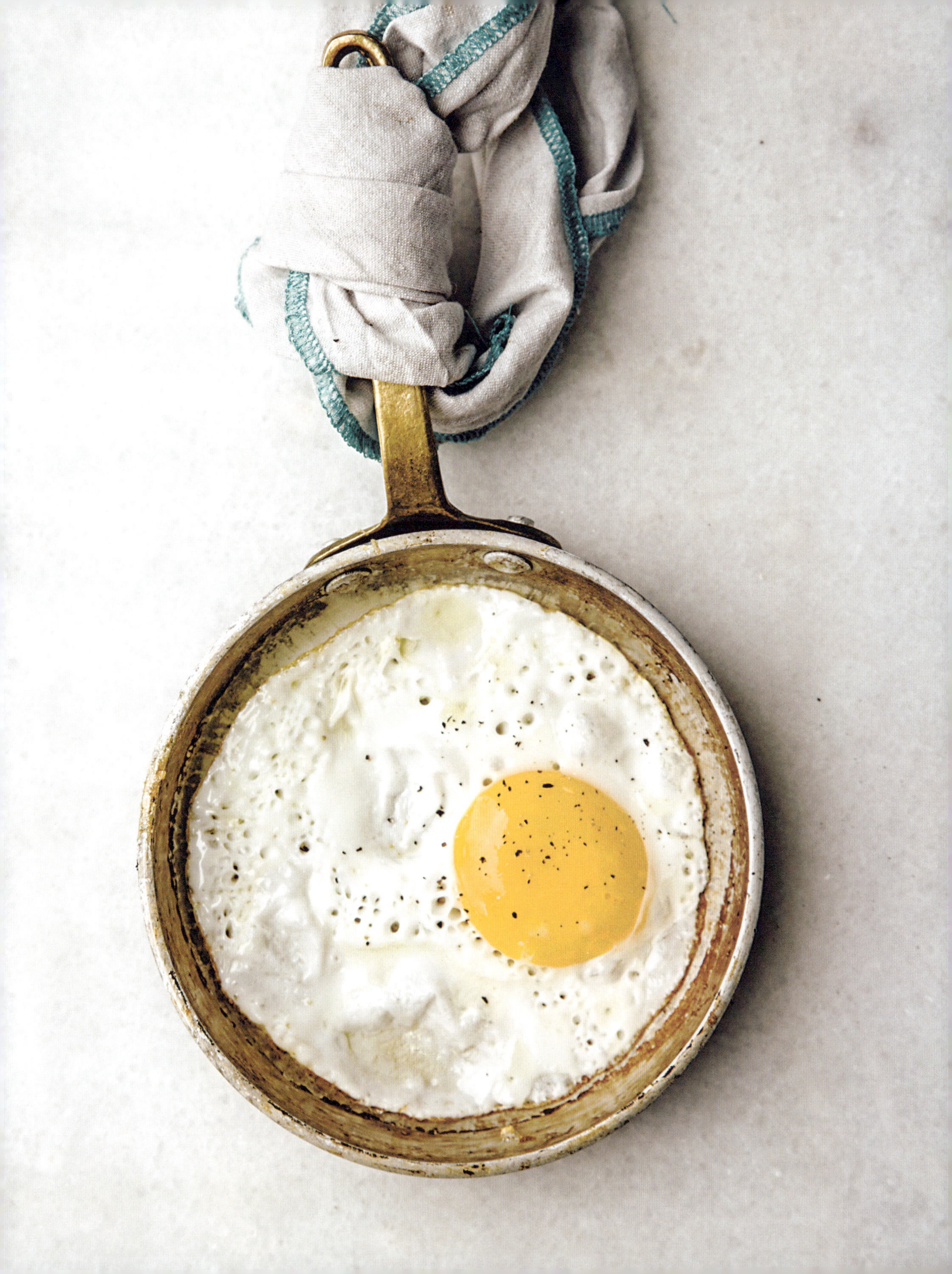

BRITÂNICO

COGUMELO-DE-PARIS | CEVADA | MOSTARDA | MAIONESE | OVO FRITO

Essa receita reconfortante inspira-se na comida britânica servida nos pubs, conhecida por ser prática e simples. O hambúrguer de cogumelo e cevada, temperado com molhos condimentados e especiarias, satisfaz – e a mostarda, a maionese e o ovo frito contribuem para harmonizar os sabores desse sanduíche vegetariano substancioso.

1. Para os hambúrgueres, preaqueça o forno a 60°C (ou deixe na mais baixa marcação, com a porta entreaberta). Aqueça o óleo em uma frigideira, em fogo médio-alto; junte o cogumelo e refogue por 7-8 minutos, sem parar de mexer, até murchar e ficar perfumado. Transfira para uma tigela grande e acrescente os ingredientes restantes, menos o pão. Misture com as mãos, até obter uma consistência firme. Prove e acerte o sal e a pimenta-do-reino. Cubra a tigela e leve à geladeira por 15 minutos, ou até 24 horas.

2. Em uma tigela pequena, misture a maionese e a mostarda, até ficar homogêneo. Espalhe a cebolinha-francesa por cima e reserve.

3. Divida a massa em quatro porções iguais e modele os discos. Aqueça uma frigideira em fogo médio-alto e frite por 3-4 minutos de cada lado, ou até dourar. Mantenha os hambúrgueres aquecidos, no forno, enquanto frita os ovos até o ponto de sua preferência.

4. Monte os sanduíches com o hambúrguer, o pão, a Maionese de mostarda e as sugestões para incrementar.

Rende 4 unidades e cerca de ⅓ de xícara (chá)/90 g de Maionese de mostarda.

DICA
Não gosta de cogumelo? Substitua-o por cebola.

COGUMELOS-DE-PARIS

Refogados, são deliciosos como acompanhamento e dão um bom toque de umami aos hambúrgueres. Trabalhe em porções, para não sobrepor os pedaços na frigideira – se isso acontecer, podem ficar molengas. Não os lave, pois absorvem água como esponjas; prefira limpá-los com uma escovinha. Outra solução é tirar a pele dos cogumelos, mas com isso você perde os nutrientes contidos nela.

Para os hambúrgueres

um fio de óleo ou 1 colher (sopa) de ghee

400 g de cogumelo-de-paris picado grosseiramente

298 g de feijão-preto cozido, escorrido e amassado com um garfo

70 g de farinha panko

2 colheres (sopa) de molho de soja ou tamari

1 colher (sopa) de molho de pimenta sriracha

2 dentes de alho amassados

70 g de cevada cozida ou outro grão integral

3 colheres (sopa) de cebolinha-francesa picada

2 colheres (sopa) de salsa picada

1 colher (chá) de páprica defumada

1 colher (chá) de xarope de agave ou mel

sal e pimenta-do-reino moída na hora a gosto

4 pães de hambúrguer cortados ao meio e tostados levemente

Para a Maionese de mostarda

75 g de Maionese ou Maionese vegana (p. 152)

1 colher (sopa) de mostarda de Dijon ou inglesa

cebolinha-francesa picada, para decorar

Para incrementar

4 ovos orgânicos pequenos

Picles de cebola (p. 30)

cogumelo-de-paris refogado

tomate

cebolinha-francesa picada

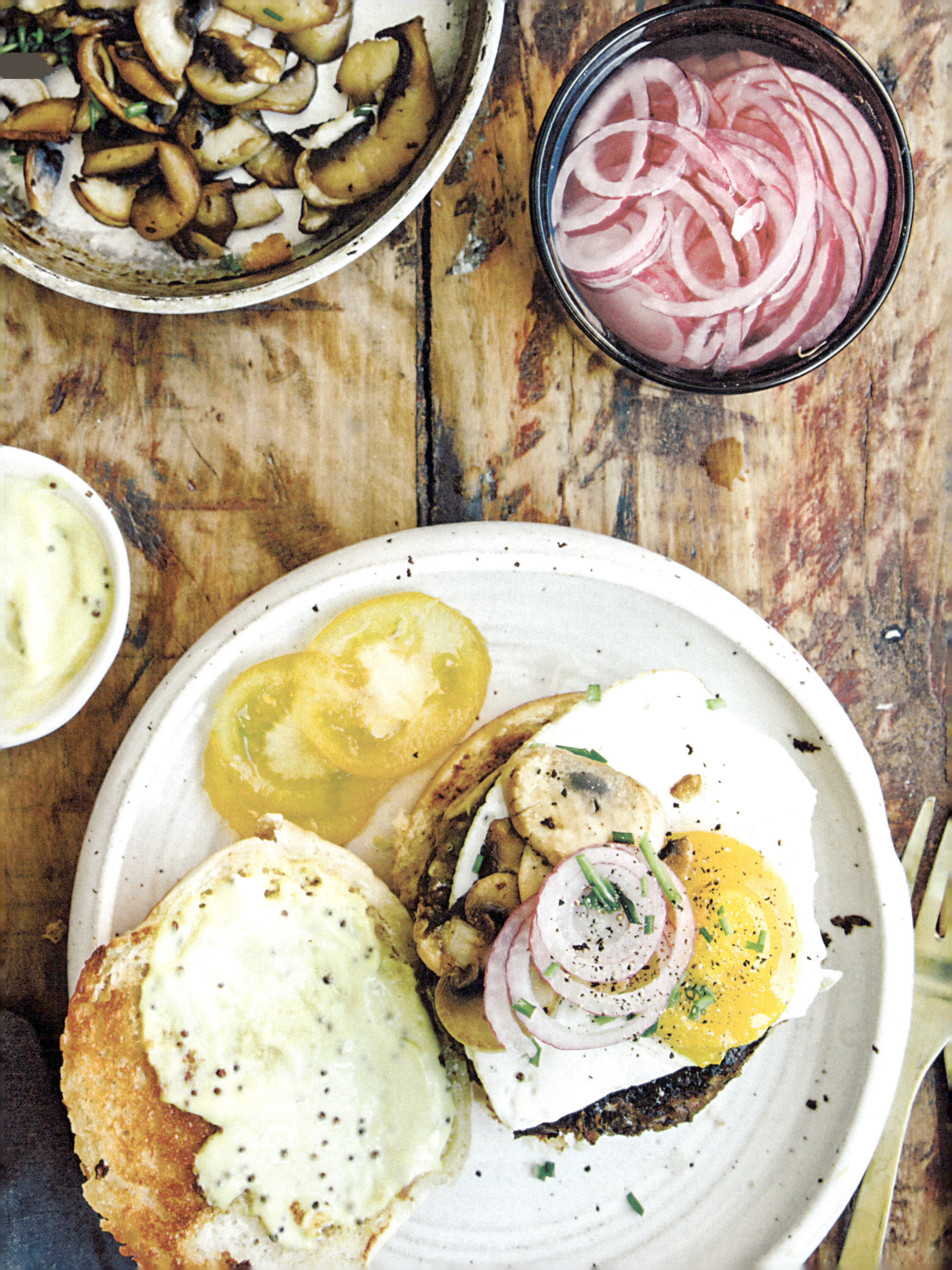

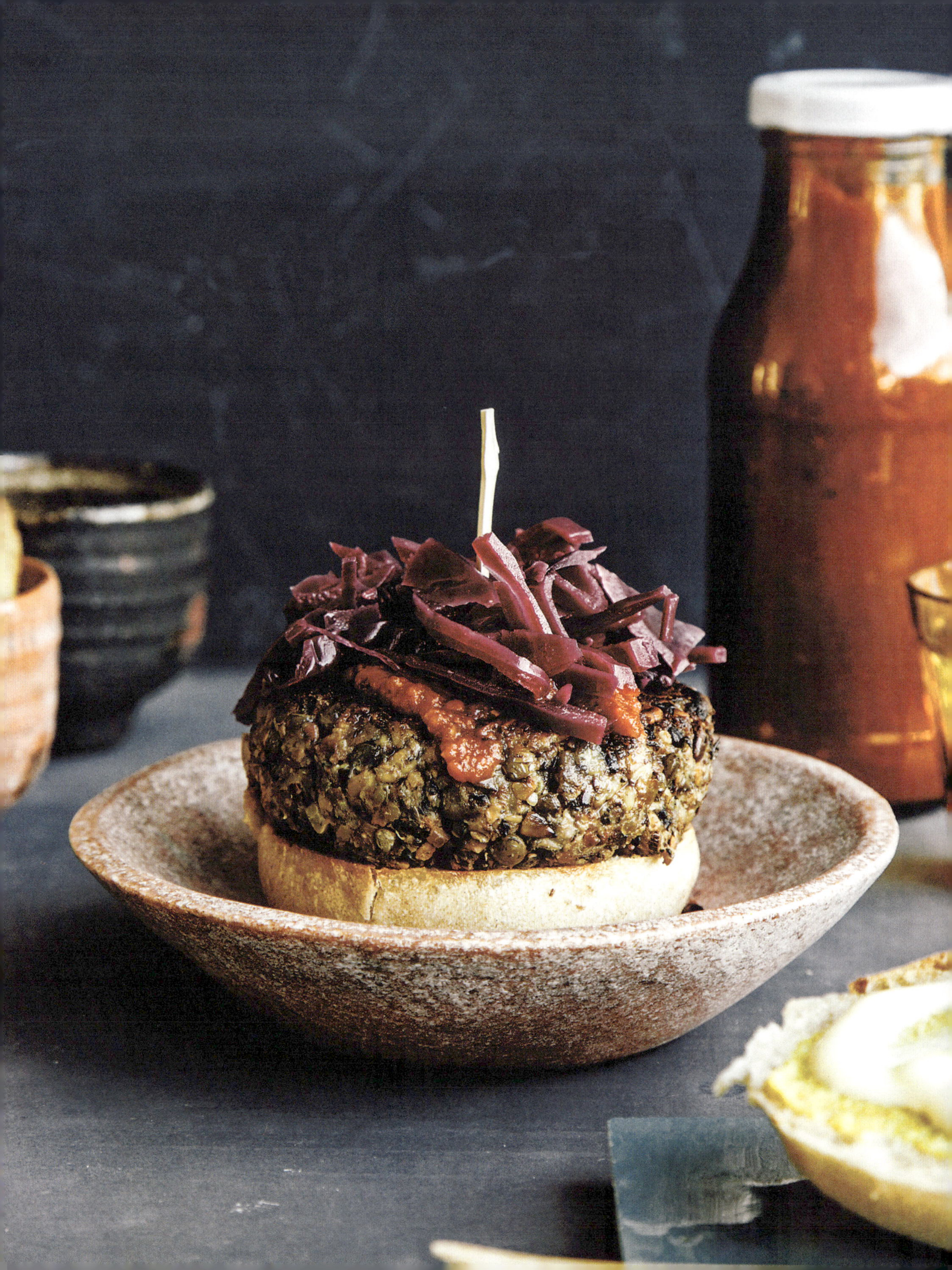

BERLINENSE

ALHO-PORÓ | LENTILHA | CHUCRUTE ROXO | KETCHUP COM CURRY

Inspirado pelos quiosques de comida em Berlim, esse sanduíche traz duas receitas icônicas nas ruas da capital alemã: chucrute e Ketchup com curry, o condimento mais popular da Alemanha, delicioso também como molho para vegetais assados ou batata frita. O Chucrute roxo precisa ser feito com antecedência: até duas semanas ou pelo menos meia hora antes de você começar a fritar os hambúrgueres.

1. Para os hambúrgueres, aqueça um fio de óleo em uma frigideira grande, em fogo médio-alto, e refogue a cebola por 5-7 minutos, até ficar macia e translúcida. Junte o alho e o cogumelo; refogue até murchar e o excesso de líquido evaporar. Acrescente o alho-poró e deixe por mais 1 minuto. Transfira para uma tigela e adicione os ingredientes restantes.

2. Com um garfo ou com as mãos, misture até obter uma massa grudenta – outra opção é passar em porções pelo processador. Prove e, se necessário, acerte o sal e a pimenta-do-reino. Cubra a tigela e leve à geladeira por 15 minutos, ou até 24 horas.

3. Divida a massa em quatro porções iguais e modele os discos. Aqueça uma frigideira em fogo médio-alto e regue com um fio de óleo ou 1 colher (sopa) de ghee. Frite os hambúrgueres por 3-4 minutos de cada lado. Tempere levemente com sal e pimenta-do-reino.

4. Monte os sanduíches com o hambúrguer, o pão e as sugestões para incrementar.

Rende 4 unidades.

Para os hambúrgueres
óleo ou ghee, para fritar
1 cebola média picada
2 dentes de alho amassados
200 g de cogumelo-de-paris picado
1 xícara (chá) de alho-poró em fatias finas
250 g de lentilha cozida e escorrida
100 g de semente de girassol tostada e moída ou outra oleaginosa moída
1 colher (sopa) de mostarda
2 colheres (sopa) de levedura nutricional ou parmesão ralado na hora (opcional)
1 colher (sopa) de pasta de pimenta vermelha
2 colheres (sopa) de vinagre de vinho branco
30 g de farinha panko ou farinha de rosca
¾ de colher (chá) de sal, mais a gosto
¼ de colher (chá) de pimenta-do-reino moída na hora, mais a gosto

4 pães de hambúrguer cortados ao meio e tostados levemente

Para incrementar
Maionese ou Maionese vegana (p. 152)
Ketchup com curry (p. 42)
Chucrute roxo (p. 42)

CHUCRUTE ROXO
REPOLHO | VINAGRE DE MAÇÃ | CEBOLA ROXA

Repleto de nutrientes, o repolho é um alimento básico e barato. E fazer chucrute – uma das receitas mais tradicionais e conhecidas da Alemanha – é uma ótima maneira de aproveitá-lo no dia a dia. Essa versão rende bastante, então use um repolho inteiro. O chucrute se mantém por 2 semanas na geladeira; sirva generosamente com o hambúrguer ou com qualquer outro prato salgado que fique bom com acompanhamentos ácidos.

óleo ou 1 colher (sopa) de ghee
1 repolho roxo ou verde pequeno (800 g-1 kg) em fatias muito finas
300 ml de água, mais um pouco se necessário
250 ml de vinagre de maçã
1 colher (sopa) de sal
1 cebola roxa em fatias finas

Em uma panela, aqueça um fio de óleo em fogo médio-alto. Junte todos os ingredientes e misture. Tampe e cozinhe por 30 minutos, verificando com frequência se o repolho e a cebola não estão queimando; se necessário, junte um pouco mais de água. Tire do fogo e espere esfriar. Transfira para um recipiente com tampa hermética e armazene na geladeira.

Rende cerca de 1,2 kg.

KETCHUP COM CURRY
TAMARINDO | GARAM MASALA | KETCHUP

Os alemães adoram esse molho – e por um bom motivo, já que o curry deixa o ketchup ainda mais saboroso. Use para incrementar o Berlinense (p. 41) ou no lugar do ketchup comum.

1 colher (sopa) de óleo de canola ou óleo de coco
1 colher (sopa) de garam masala
2 colheres (chá) de pasta de tamarindo ou molho inglês
1 colher (chá) de cominho em pó
1 colher (chá) de pimenta vermelha em pó
1 colher (chá) de açúcar de coco ou outro adoçante à sua escolha
1 xícara (chá) de Ketchup caseiro (p. 47) ou industrializado

Em uma panela pequena, aqueça o óleo em fogo médio. Junte o garam masala, a pasta de tamarindo, o cominho, a pimenta e o açúcar. Cozinhe por 1 minuto, sem parar de mexer. Acrescente o ketchup, misture e cozinhe em fogo baixo por 1 minuto. Retire do fogo e espere esfriar. Transfira para um recipiente com tampa hermética e leve à geladeira.

Rende cerca de 1 xícara (chá)/240 g.

FRITJE OORLOG
BATATA | MOLHO SATAY | MAIONESE

Essa é uma receita clássica da cozinha holandesa, encontrada nas ruas de Amsterdã. No idioma local, *fritje oorlog* significa "batatas fritas de guerra" – mas, para mim, trata-se da união perfeita de sabores. O molho satay (de amendoim), a maionese e a cebola crua ficam divinos com batata frita ou assada.

400 g de batata [de preferência do tipo baraka, holandesa, ou outra também do tipo farinhenta] com casca cortada em cunhas
sal
azeite
½ xícara (chá) de Molho satay (p. 120)
½ xícara (chá) de Maionese ou Maionese vegana (p. 152)
⅓ de xícara (chá) de cebola crua picada
pimenta-do-reino moída na hora

1. Preaqueça o forno a 220°C. Coloque a batata em uma assadeira, tempere com sal e regue com azeite.

2. Asse por 20-25 minutos, até assar por igual e dourar. Sirva com Molho satay, Maionese e a cebola.

Rende 4 porções.

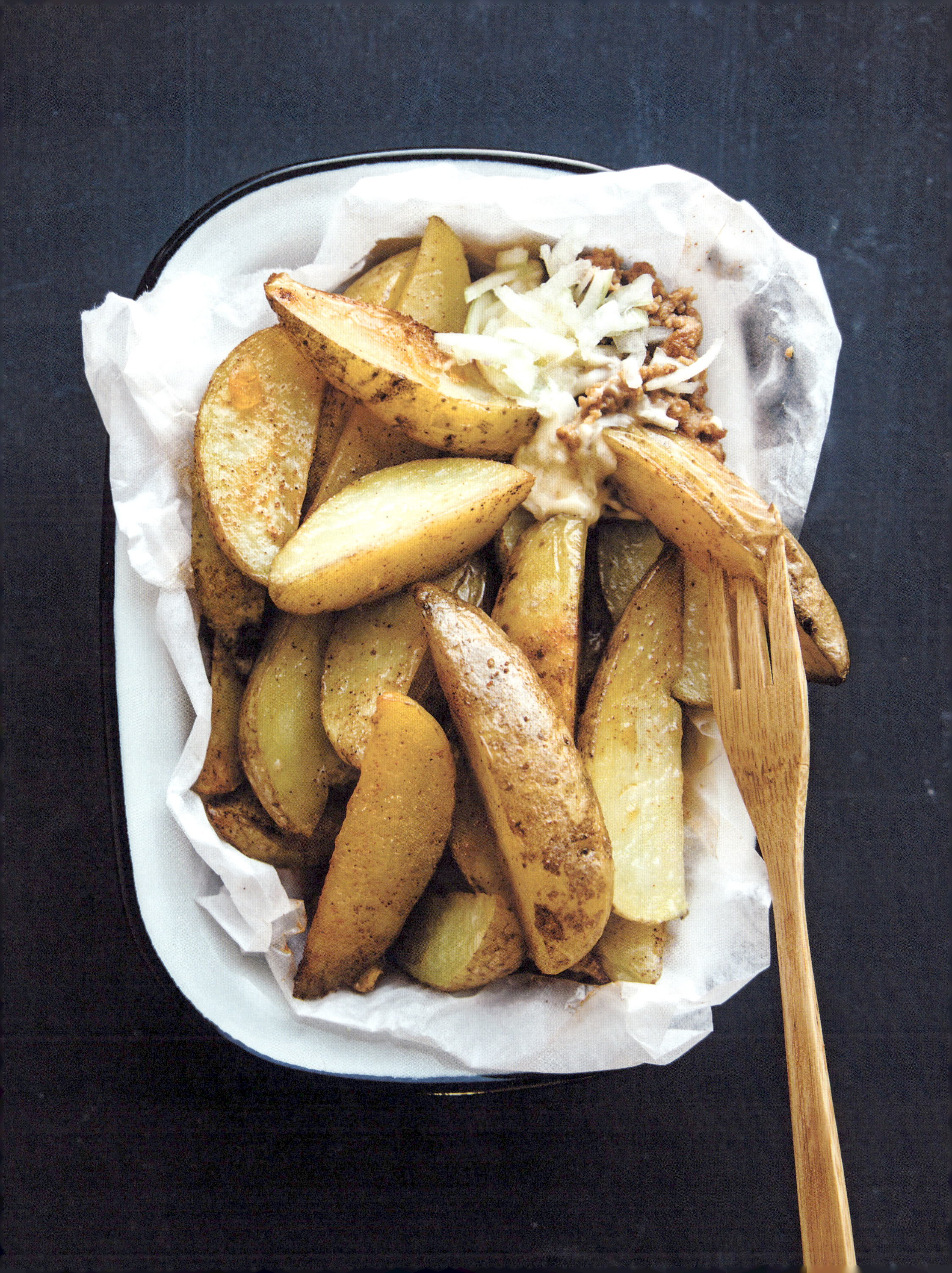

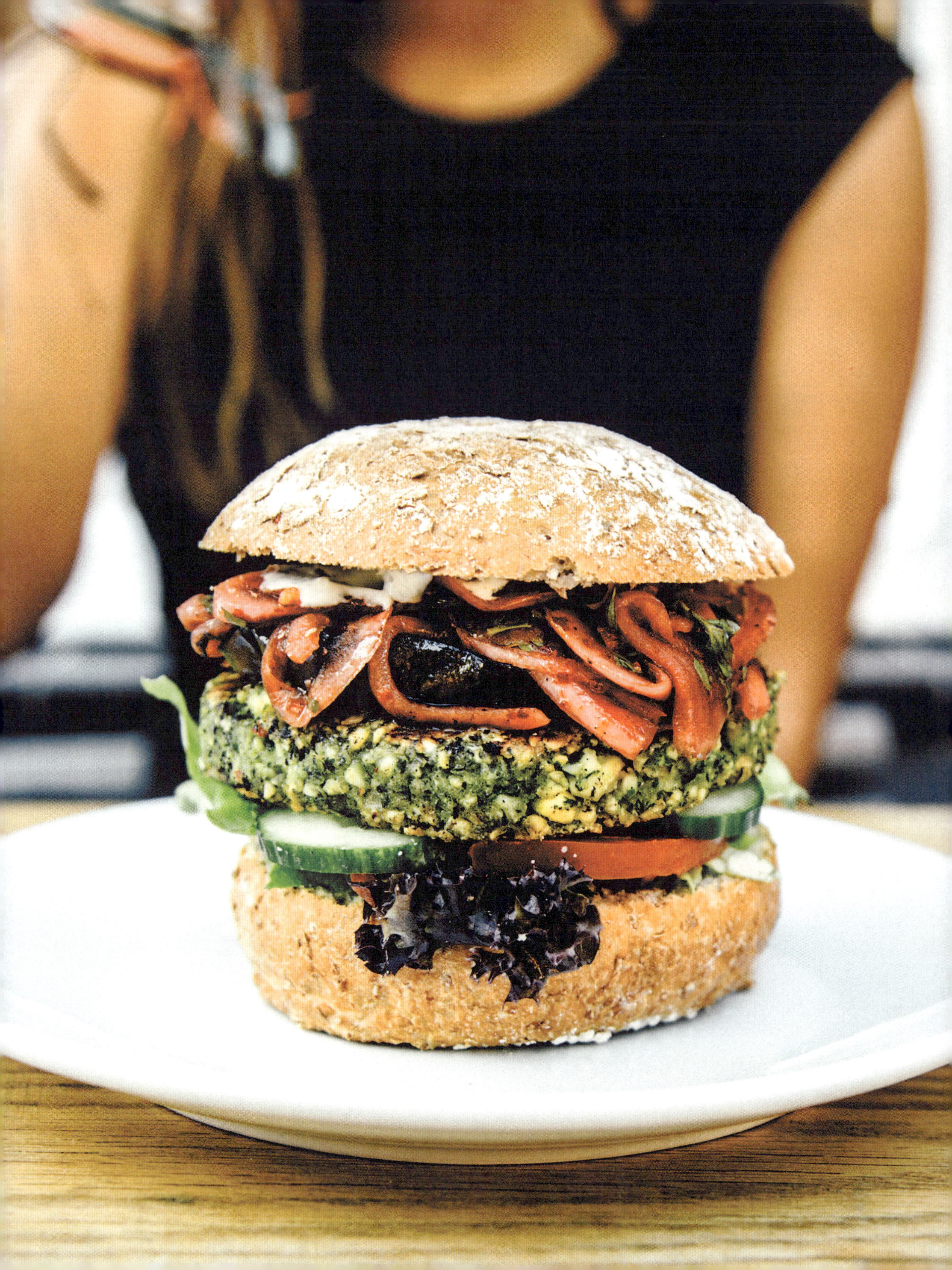

HAMBÚRGUER PICANTE DE FAVA

ENDRO | FAVA| VEGETAIS GRELHADOS | CHIPS DE RAÍZES | CEBOLA CARAMELIZADA

É uma receita vagamente inspirada no hambúrguer de fava servido no Burgermeester, em Amsterdã, que prepara sanduíches convencionais e versões sem carnes deliciosas. No restaurante, o prato é temperado com especiarias e ervas do Oriente Médio. Mas eu gosto de misturar a fava com os nórdicos alho-poró e endro – uma combinação muito interessante quando associada ao coentro e à Maionese de limão-siciliano.

1. Para a Maionese de limão-siciliano, misture os ingredientes, cubra e mantenha na geladeira até a hora de servir.
2. Para os hambúrgueres, aqueça uma panela em fogo médio-alto com um fio de óleo. Refogue a cebola, até ficar translúcida. Junte o alho-poró e refogue por mais 1 minuto.
3. Transfira para uma tigela e acrescente os ingredientes restantes. Misture, cubra a tigela e leve à geladeira por 15 minutos, ou até 24 horas.
4. Divida a massa em quatro porções iguais e modele os discos. Aqueça uma frigideira em fogo médio-alto e regue com um fio de óleo ou 1 colher (sopa) de ghee. Frite os hambúrgueres por 3-4 minutos de cada lado. Tempere levemente com sal e pimenta-do-reino.
5. Monte os sanduíches com o hambúrguer, o pão e as sugestões para incrementar e sirva com Chips de raízes.

Rende 4 unidades e cerca de ½ xícara (chá)/100 g de Maionese de limão.

Para a Maionese de limão-siciliano
½ xícara (chá) de Maionese ou Maionese vegana (p. 152)
raspas de ½ limão-siciliano

Para os hambúrgueres
óleo ou ghee, para fritar
1 cebola fatiada
30 g de alho-poró (parte branca) picado
40 g de castanha-de-caju tostada e moída
298 g de fava verde cozida *al dente*, escorrida e amassada com um garfo
4 colheres (sopa) de endro picado
3 colheres (sopa) de coentro picado
½ colher (sopa) de azeite
2 colheres (sopa) de salsa picada
1 "ovo" de chia ou linhaça (p. 14)
2 dentes de alho amassados
200 g de farinha panko ou farinha de rosca
3 colheres (sopa) de levedura nutricional ou parmesão ralado na hora
1 colher (sopa) de molho de pimenta, como sriracha
¾ de colher (chá) de sal, mais a gosto
¼ de colher (chá) de pimenta-do-reino moída na hora
1 colher (chá) de gengibre ralado

4 pães de hambúrguer cortados ao meio e tostados levemente
Chips de raízes (p. 138)

Para incrementar
Cebola caramelizada (p. 32)
vegetais grelhados, como berinjela e pimentão
tomate e pepino
alface-roxa

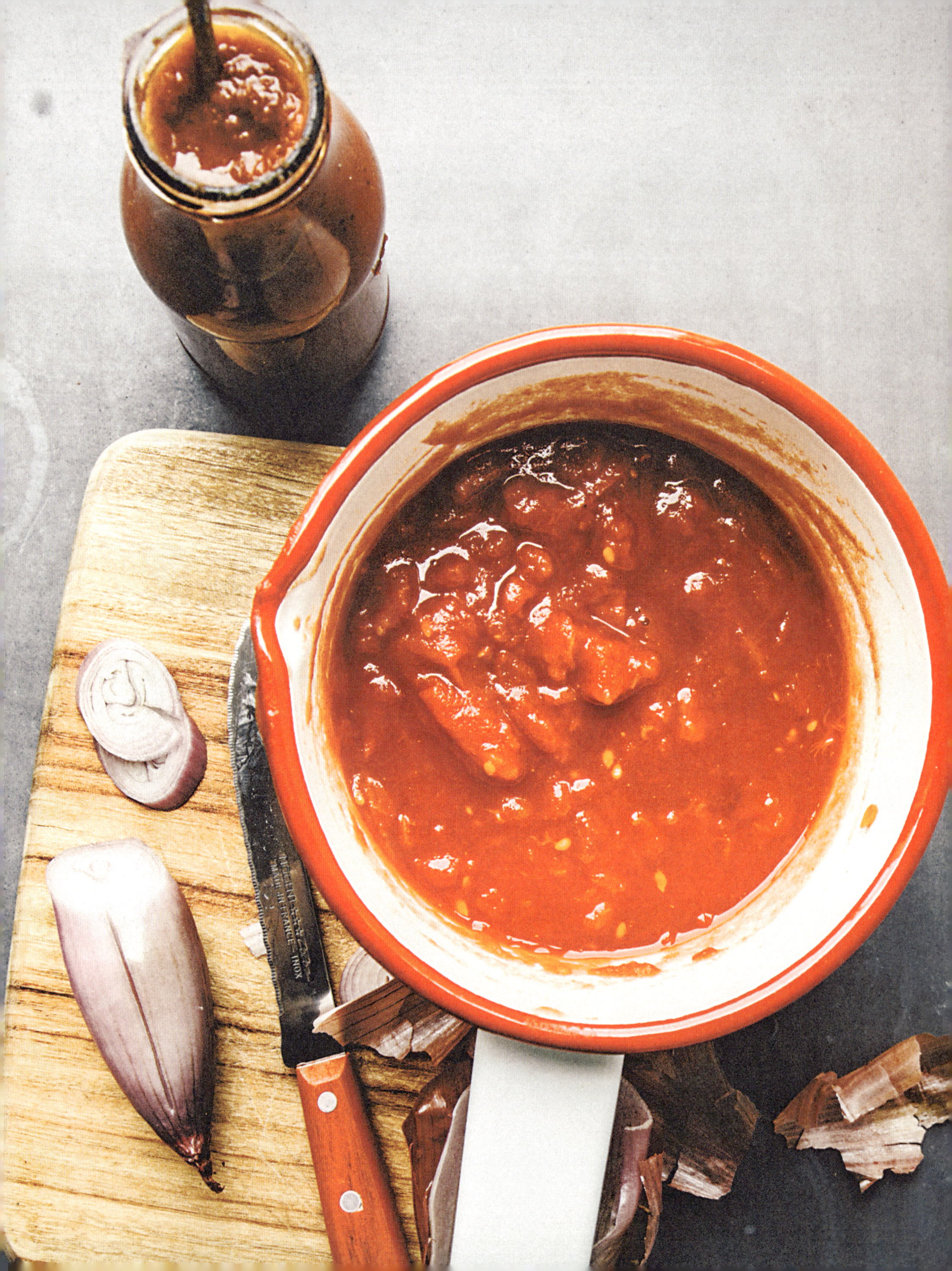

NORTE DA EUROPA

KETCHUP CASEIRO

TOMATE | AIPO | AÇÚCAR DE COCO | VINAGRE DE VINHO TINTO

Durante décadas, o molho preferido da infância permaneceu na lista negra de quem se preocupa com a saúde – principalmente por ter muito açúcar e pelo excesso de aditivos encontrados nos rótulos das marcas mais populares. Mas essa receita caseira libera o ketchup para voltar a ser uma estrela na sua cozinha. Não se impressione com a quantidade de açúcar de coco: você só usa um pouco do ketchup no sanduíche e, portanto, o ingrediente corresponde a apenas uma pequena parte da refeição.

1. Em uma panela, aqueça um fio de azeite em fogo médio-alto. Refogue a cebola e o aipo por cerca de 2 minutos, até ficarem macios e perfumados. Junte o alho, as especiarias, o sal, a pimenta-do-reino e o molho de pimenta. Cozinhe, mexendo, por 1-2 minutos, e acrescente os dois tipos de tomate, a alcaparra e a água. Cozinhe por 15 minutos. Retire do fogo e passe duas vezes por uma peneira, até ficar homogêneo.

2. Volte para a panela e junte o vinagre, o molho inglês e o açúcar. Cozinhe em fogo baixo, até reduzir e obter a consistência desejada. Retire do fogo, espere esfriar, coloque em um recipiente e mantenha na geladeira.

Rende 1 litro.

azeite, para refogar
1 cebola roxa picada
100 g de aipo picado
2 dentes de alho amassados
1 colher (chá) de coentro em pó
¼ de colher (chá) de canela em pó
½ colher (chá) de semente de cominho
½ colher (chá) de semente de mostarda
½ colher (chá) de semente de erva-doce
1 colher (chá) de sal
½ colher (chá) de pimenta-do-reino moída na hora
⅓ de colher (chá) de molho de pimenta
800 g de tomate italiano picado
400 g de tomate pelado
2 colheres (sopa) de alcaparra
100 ml de água
100 ml de vinagre de vinho tinto
1 colher (sopa) de molho inglês
40 g de açúcar de coco ou açúcar mascavo

SMÖRGÅS BÚRGUER

TARTARE DE BETERRABA | CREME DE RAIZ-FORTE | CHIPS DE RAÍZES | AVOCADO

Os suecos gostam muito de comer salada de beterraba com pão – e esse tipo de sanduíche aberto é chamado de smörgås. Nessa receita, o hambúrguer é um tartare de beterraba e quinoa, coberto com Creme de raiz-forte. O inusitado aqui é substituir o pão por avocado, que, embora não seja um ingrediente escandinavo tradicional, fica perfeito com os sabores nórdicos. Mas você também pode servir com pão, é claro.

1. Para o Creme de raiz-forte, misture todos os ingredientes, cubra e mantenha na geladeira até a hora de usar.
2. Para os hambúrgueres, misture todos os ingredientes em uma tigela. Modele quatro discos e coloque em uma assadeira. Cubra com filme de PVC e leve à geladeira por 15 minutos, ou até 24 horas.
3. Corte uma fatia de avocado, de um modo que se mantenha firme sobre o prato. Coloque por cima um hambúrguer e as sugestões para incrementar. Se quiser, finalize com outra fatia de avocado ou sirva aberto, como um smörgås.

Rende 4 unidades.

Para o Creme de raiz-forte
200 ml de coalhada seca, sour cream [p. 24] ou coalhada vegana
3 colheres (sopa) de raiz-forte ralada na hora, mais a gosto
1 colher (chá) de suco de limão-siciliano
sal a gosto

Para os hambúrgueres
250 g de beterraba cozida, descascada e picada
75 g de quinoa vermelha cozida e escorrida
1 colher (chá) de mel ou xarope de agave
75 g de queijo de cabra, queijo feta ou vegano em pedaços pequenos
sal e pimenta-do-reino moída na hora a gosto
1 colher (chá) de azeite extravirgem
2-3 cebolinhas picadas

2-4 avocados [ou ½-1 abacate] cortados ao meio

Para incrementar
Picles de cebola (p. 30)
folhas verdes
Creme de raiz-forte
Chips de raízes (p. 138)
cunhas de limão-siciliano
brotos de beterraba ou de alfafa

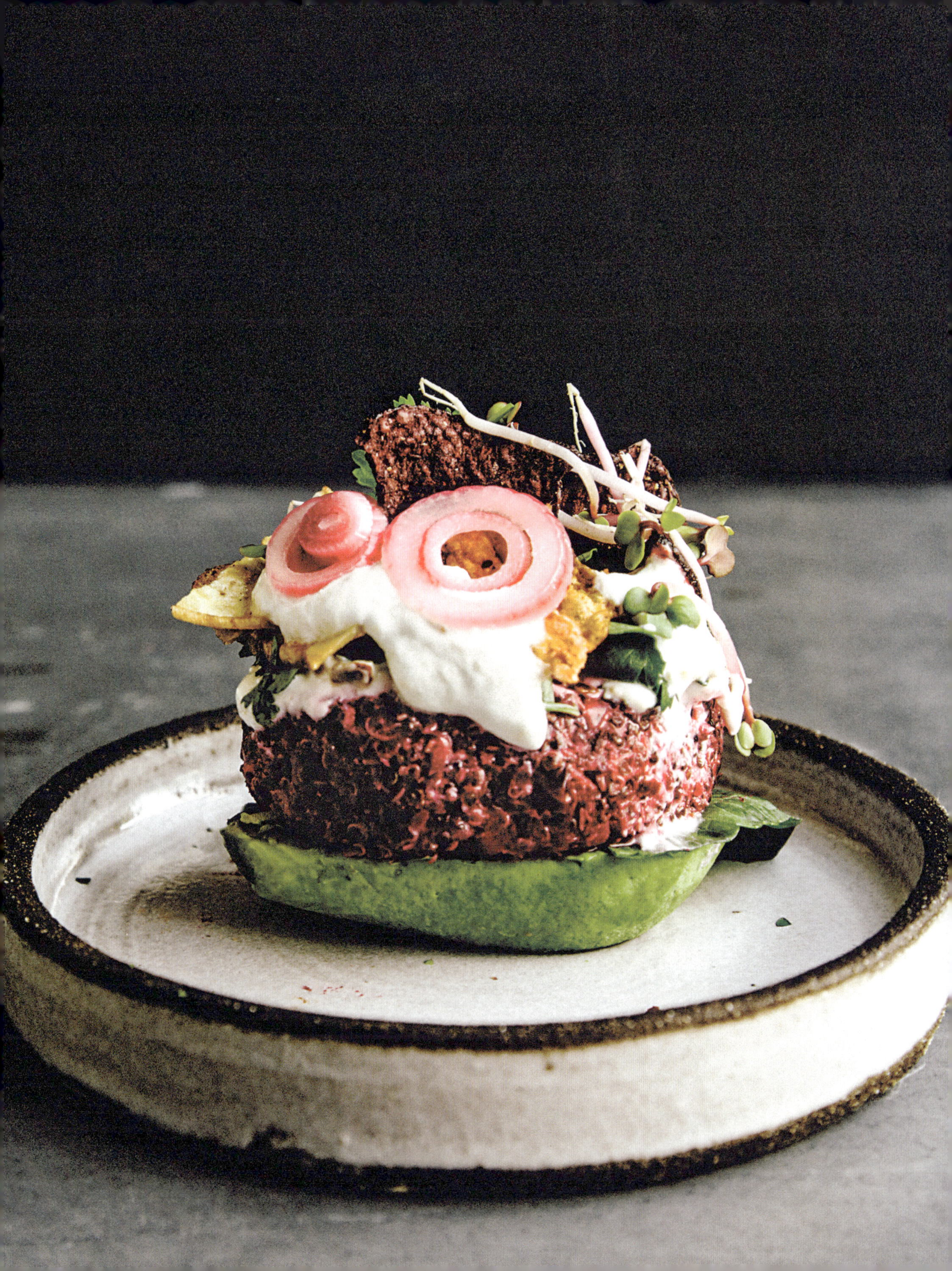

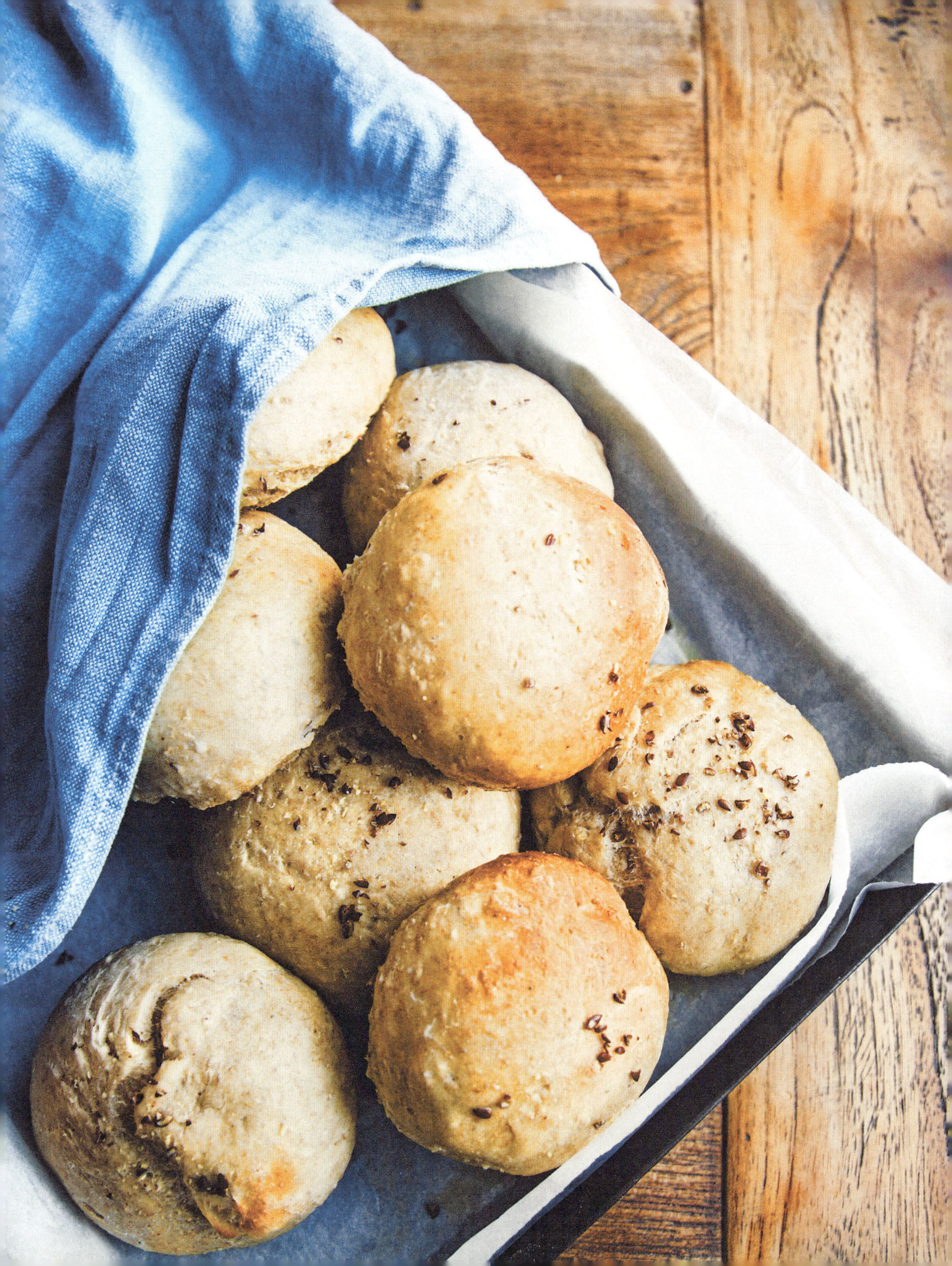

PÃO DE QUINOA E ESPELTA

FARINHA DE ESPELTA | QUINOA EM FLOCOS | OVO OU AQUAFABA | SEMENTE DE LINHAÇA

Quando fiz esses pães pela primeira vez, fiquei impressionada com o sabor da quinoa em flocos. A farinha de espelta é minha preferida. Por ter menos glúten, a massa não fica tão flexível quanto a de farinha de trigo, mas compensa pelo saboroso toque amendoado. E a quinoa dá à receita uma quantidade a mais de proteínas. É um pão de hambúrguer muito nutritivo – para ficar vegano, substitua o ovo por 3 colheres (sopa) de aquafaba, a água do cozimento do grão-de-bico, que pode substituir clara de ovo em preparações livres de ingredientes de origem animal. Uma opção é usar o líquido do grão-de-bico em conserva industrializado.

1. Em uma panela pequena, aqueça a água em fogo médio. Retire do fogo e deixe esfriar até atingir 37°C [meça com um termômetro culinário].
2. Para ativar o fermento, transfira para uma tigela pequena e junte o xarope de agave e o fermento. Reserve por 5 minutos, até espumar.
3. Misture o fermento ativado com o óleo e o ovo.
4. Em outra vasilha, coloque a farinha de espelta, a quinoa em flocos e o sal.
5. Despeje o líquido sobre a mistura seca e mexa até obter uma massa grudenta.
6. Enfarinhe a superfície de trabalho e sove a massa por 10 minutos, até ficar macia. Coloque em uma tigela limpa, cubra e deixe crescer por 1h30-2 h.
7. Quando crescer, amasse e sove por mais alguns minutos. Se necessário, enfarinhe mais a superfície. Divida a massa entre doze e dezoito bolas, dependendo do tamanho desejado. Coloque em uma assadeira, cubra e deixe descansar por 1 hora.
8. Preaqueça o forno a 200°C. Pincele os pães com a clara misturada a um pouco de água. Por cima, espalhe o gergelim. Asse no centro do forno por 15 minutos, ou até dourar e emitir um som oco ao bater na superfície. Espere esfriar para servir.

Rende 12-18 unidades.

350 ml de água
2 colheres (sopa) de xarope de agave, mel ou maple syrup
7 g (2 ¼ colheres [chá]) de fermento biológico seco
50 ml de óleo
1 ovo grande em temperatura ambiente batido levemente ou 3 colheres (sopa) de aquafaba*
438 g de farinha de espelta
102 g de quinoa em flocos
1 colher (chá) de sal
1 clara de ovo batida levemente ou azeite, para pincelar
gergelim ou linhaça, para decorar

* Quando for cozinhar grão-de-bico para outras preparações, siga estes passos: deixe 1 xícara (chá) de grão-de-bico de molho em 3 xícaras (chá) de água por 1 noite. No dia seguinte, coloque os grãos em uma panela, mais 3 xícaras (chá) da água e deixe ferver. Importante: não tempere! Se necessário, adicione mais água. Como essa receita não usa panela de pressão, o cozimento do grão-de-bico é mais demorado: cerca de 50 minutos. É recomendado, após tirar o grão-de-bico da água, deixar o líquido reduzir por mais alguns minutos. Depois, coe a aquafaba, passando para um recipiente com fecho hermético e refrigere por aproximadamente 8 horas, ou da noite para o dia. Ela dura na geladeira pelo tempo equivalente ao de uma clara de ovo, mas também é possível congelar em forminhas, para ter quando precisar.

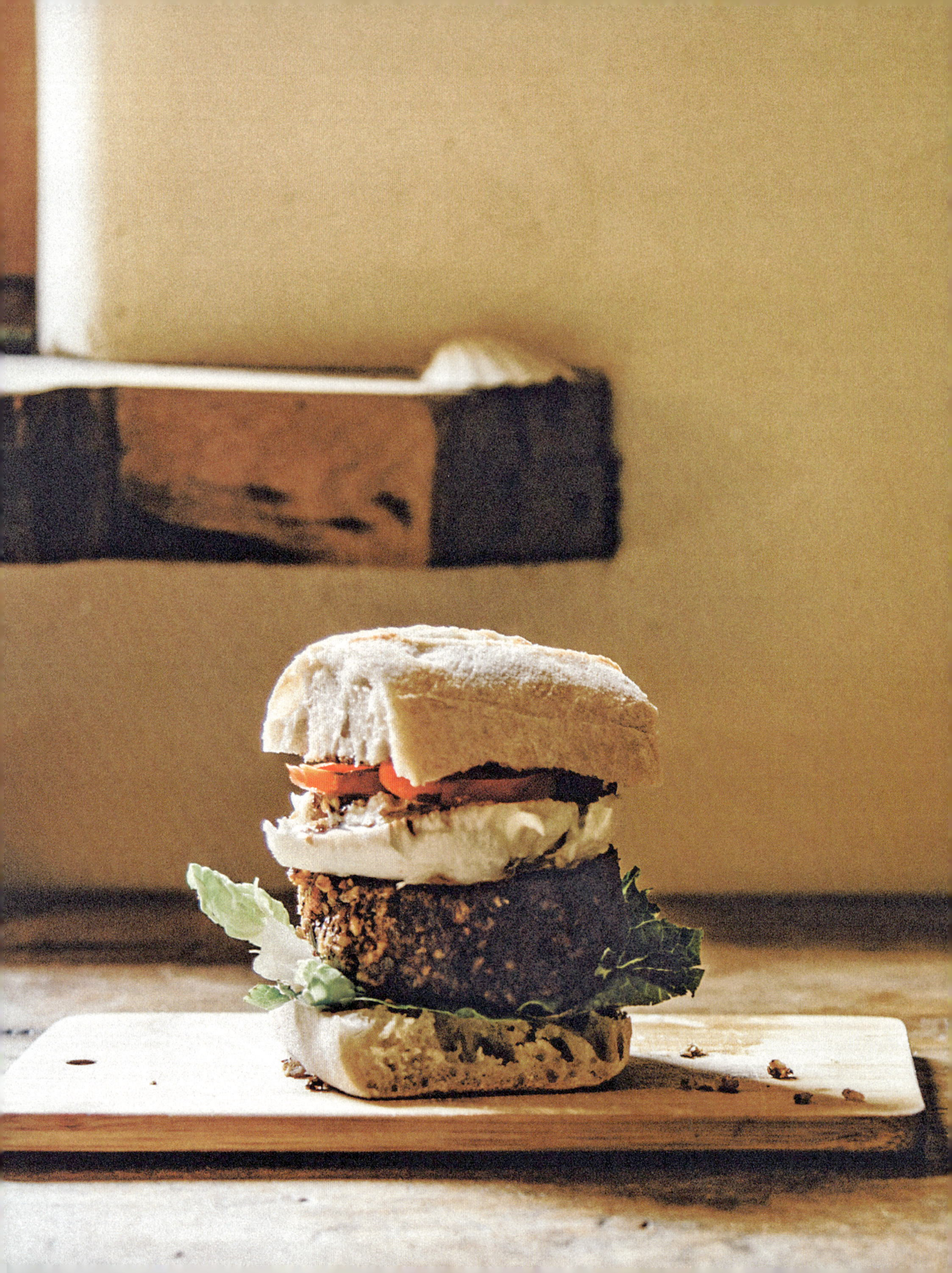

SUL DA EUROPA

A cozinha mediterrânea é conhecida pelas receitas frescas, para apreciar ao sol – e a dieta local ganhou fama como uma das mais saudáveis do mundo, pois inclui muitas fibras e vitaminas e poucas gorduras saturadas. Vale a pena se inspirar nela.

Ingredientes como alho, azeitona e tomate brilham na culinária do sul da França, Espanha, Itália e Grécia. O clima mais quente também dá origem a uma abundância de alimentos vigorosos como abobrinha, berinjela, pimentão, cítricos, uva, manjericão e grande variedade de frutas. Muitas vezes, os sabores do sul da Europa são descritos como simples e sofisticados ao mesmo tempo – algo que nunca sai de moda.

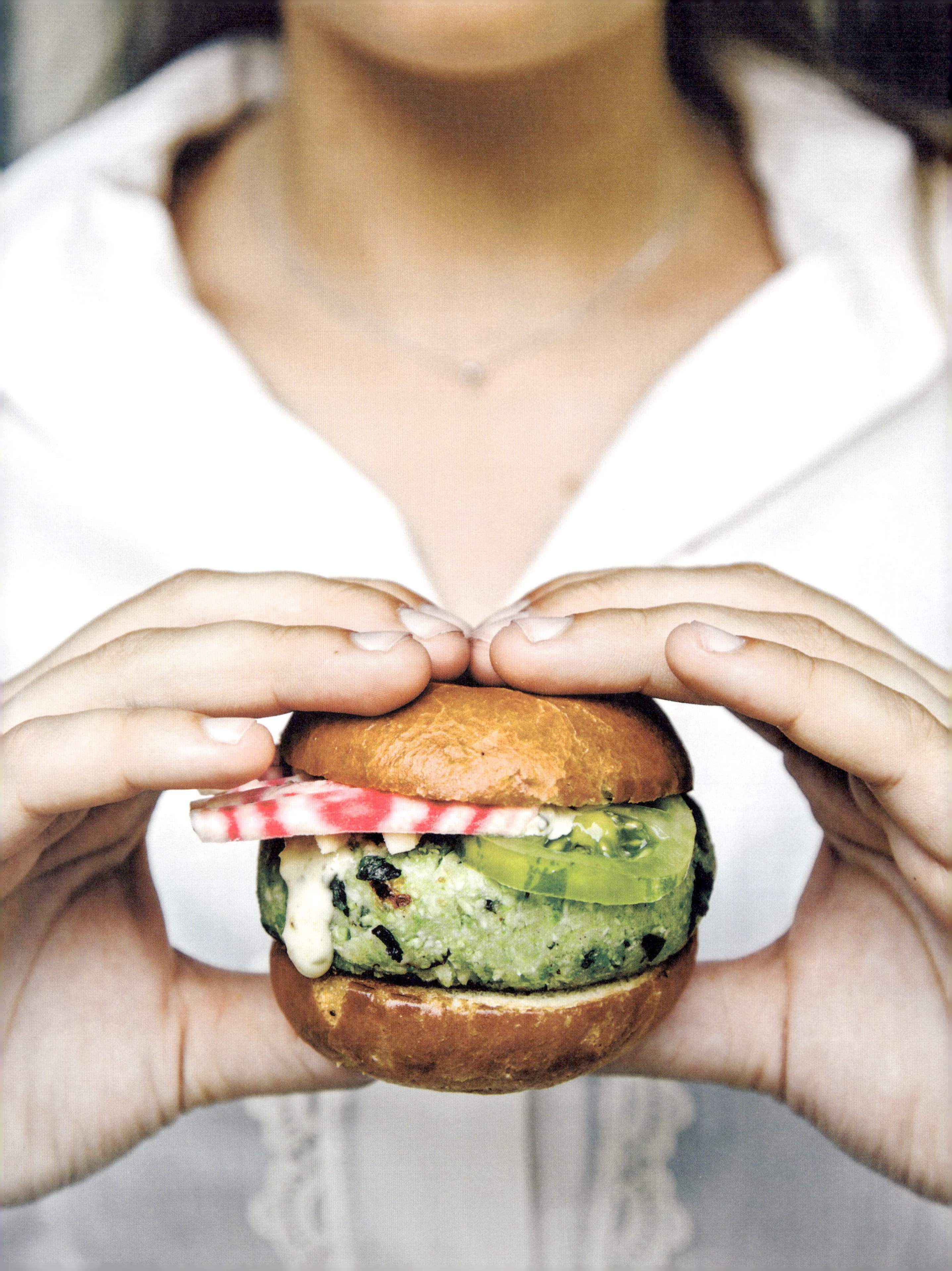

HAMBÚRGUER MARCIANO

ROMANESCO | PARMESÃO | HORTELÃ | BETERRABA LISTRADA

Hambúrgueres vegetarianos podem ser de todas as cores do arco-íris, e essa versão ganha um tom verde-esmeralda por causa do romanesco – um vegetal originário da Itália, que tem uma incrível forma fractal e é parente próximo dos brócolis e da couve-flor. Tem sabor mais suave e amendoado do que a couve-flor e várias qualidades de um superalimento, como muitas vitaminas, ferro e fibras, o que faz dele uma excelente escolha para as refeições do dia a dia.

Todas as hortaliças do gênero *Brassica*, quando usadas em hambúrgueres, precisam de algum ingrediente complementar para dar liga. Aqui, a farinha de rosca e o parmesão ajudam na textura da massa. Com frequência faço minha própria farinha tostando fatias finas de pão seco e despedaçando-as com as mãos.

Assim como os brócolis, o romanesco precisa apenas de uns poucos complementos para se sobressair: para uma harmonia perfeita, use alho, raspas de limão-siciliano e parmesão. O hambúrguer é acompanhado por outra hortaliça italiana de aparência curiosa, a beterraba listrada (*chioggia*).

1. Preaqueça o forno a 220°C.
2. Para os hambúrgueres, passe o romanesco pelo processador, até obter textura semelhante à de arroz. Sobre a pia, segure uma peneira com uma das mãos e, com a outra, esprema o vegetal, para retirar o excesso de líquido. Transfira para uma tigela grande e junte os ingredientes restantes, até a farinha panko. Misture com as mãos. Prove e, se necessário, acerte o sal e a pimenta-do-reino. Caso queira uma massa mais firme, acrescente mais farinha. Cubra e leve à geladeira por 15 minutos, ou até 24 horas.
3. Divida a massa em quatro porções iguais e modele os discos. Tempere levemente com sal e pimenta-do-reino. Coloque em uma assadeira baixa e leve ao forno por 20 minutos (confira com frequência nos últimos 5 minutos, para não queimar).
4. Sirva nos pães tostados com as sugestões para incrementar.

Rende 4 unidades.

Para os hambúrgueres
- 400 g de romanesco [ou brócolis ninja] em floretes
- 2-3 dentes de alho, ou a gosto, amassados
- ¾ de colher (chá) de sal, mais a gosto
- ¼ de colher (chá) de pimenta-do-reino moída na hora
- 2½ colheres (sopa) de hortelã picada
- 1 pimenta-malagueta vermelha ou verde sem sementes e picada
- 50 g de parmesão ralado na hora ou Parmevegan (p. 58), ou 60 g de levedura nutricional
- 50 g de farinha panko ou farinha de rosca, mais um pouco se necessário

- 4 pães de espelta rústicos cortados ao meio e tostados levemente

Para incrementar
- Molho Caesar moderno (p. 58)
- avocado fatiado
- tomate verde fatiado
- 1 beterraba listrada [ou beterraba comum] descascada e cortada em palitos (opcional)

DICA
Use farinha de rosca sem glúten. Faça em casa, tostando e processando as fatias de pão sem glúten de sua preferência.

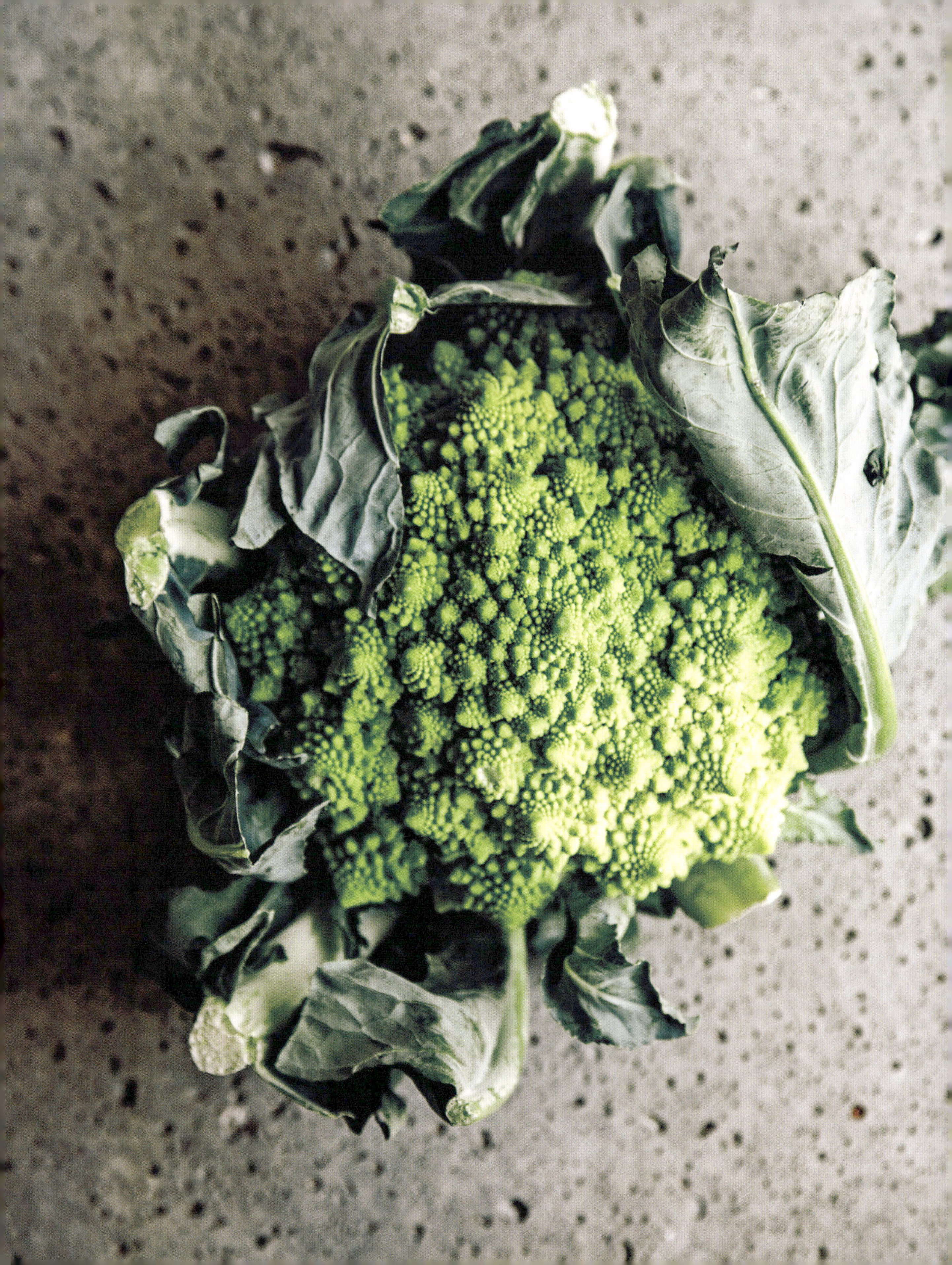

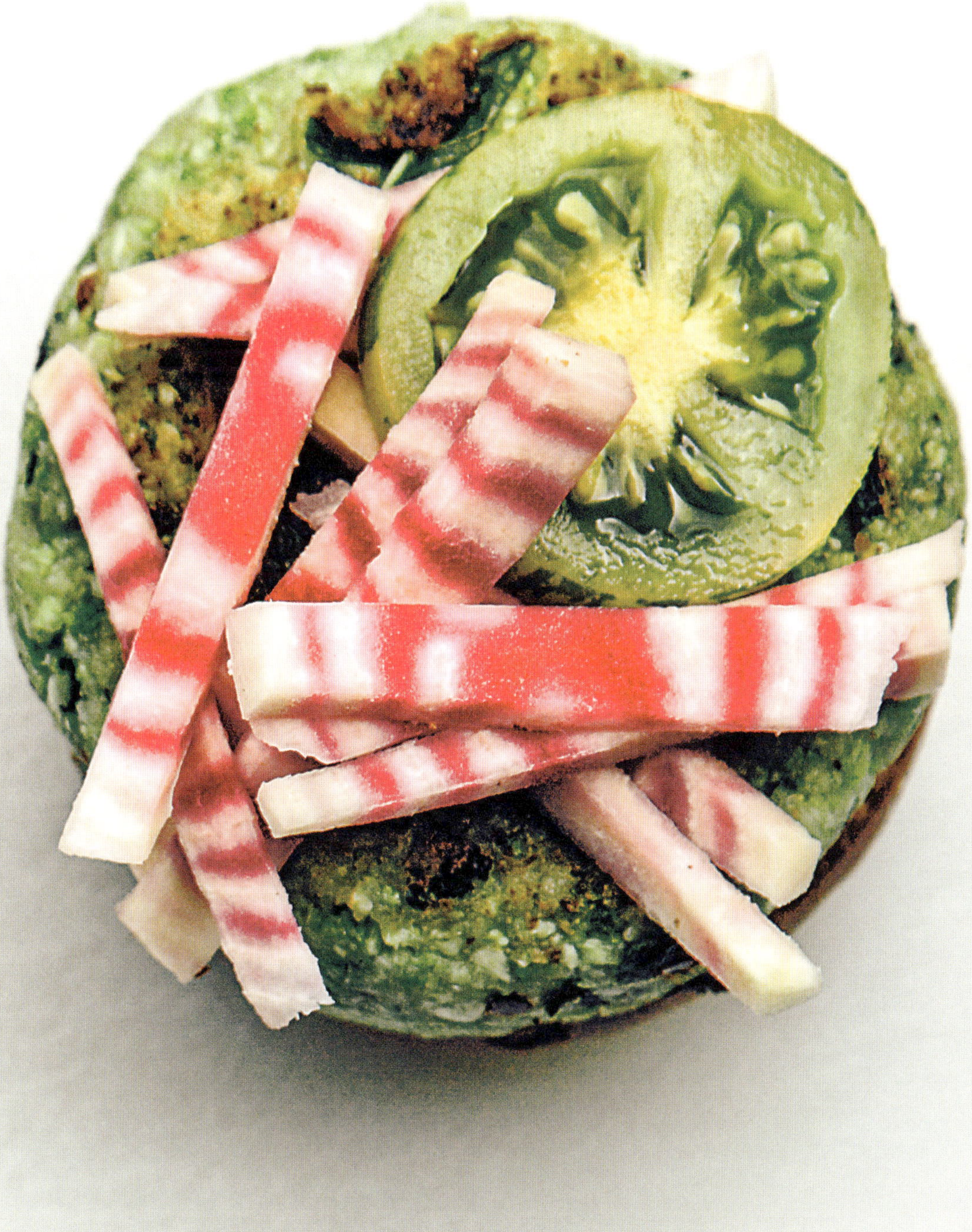

SUL DA EUROPA

MOLHO CAESAR MODERNO

CASTANHA-DE-CAJU | ALCAPARRA | ALHO | MOSTARDA

A salada mais famosa do mundo deve seu nome a um molho icônico – o Caesar. Essa versão não leva ovo nem peixe – e, se desejar deixá-lo vegano, basta substituir o parmesão por levedura nutricional. Para reproduzir o sabor salgado típico da anchova, uso pinhole, alho e alcaparra. Hoje, quando mais pessoas querem fazer refeições saudáveis, essa receita veio para ficar.

60 g de castanha-de-caju tostada
20 g de pinhole
2 colheres (sopa) de levedura nutricional ou parmesão ralado na hora
2 colheres (sopa) de azeite
1 colher (sopa) de suco de limão-siciliano
2 dentes de alho
1 colher (chá) de mostarda
1 colher (chá) de alcaparra
água, para diluir

Bata todos os ingredientes no liquidificador até obter a consistência desejada. Transfira para um recipiente com fecho hermético e conserve na geladeira por 3-4 dias.

Rende cerca de 150 ml.

DICA
O molho fica delicioso servido com saladas e pães. Faça uma porção grande, mantenha na geladeira e aproveite ao longo da semana, em diferentes refeições.

PARMEVEGAN

PINHOLE | LEVEDURA NUTRICIONAL | ALHO

Quem tem vontade dá um jeito. Esse "parmesão" vegano não tem exatamente o mesmo sabor do queijo ralado, mas é igualmente gostoso. Rico em umami, conferido pelo pinhole e pela levedura nutricional, esse acompanhamento vegano e sem glúten pode ser usado da mesma maneira que o parmesão, em diversos tipos de receitas.

100 g de pinhole ou outra oleaginosa tostada levemente
5 colheres (sopa) de levedura nutricional
1 dente de alho amassado

Bata todos os ingredientes no processador, até obter uma textura grosseira. Conserve na geladeira, em recipiente de fecho hermético, por até 1 semana.

Rende cerca de 150 g.

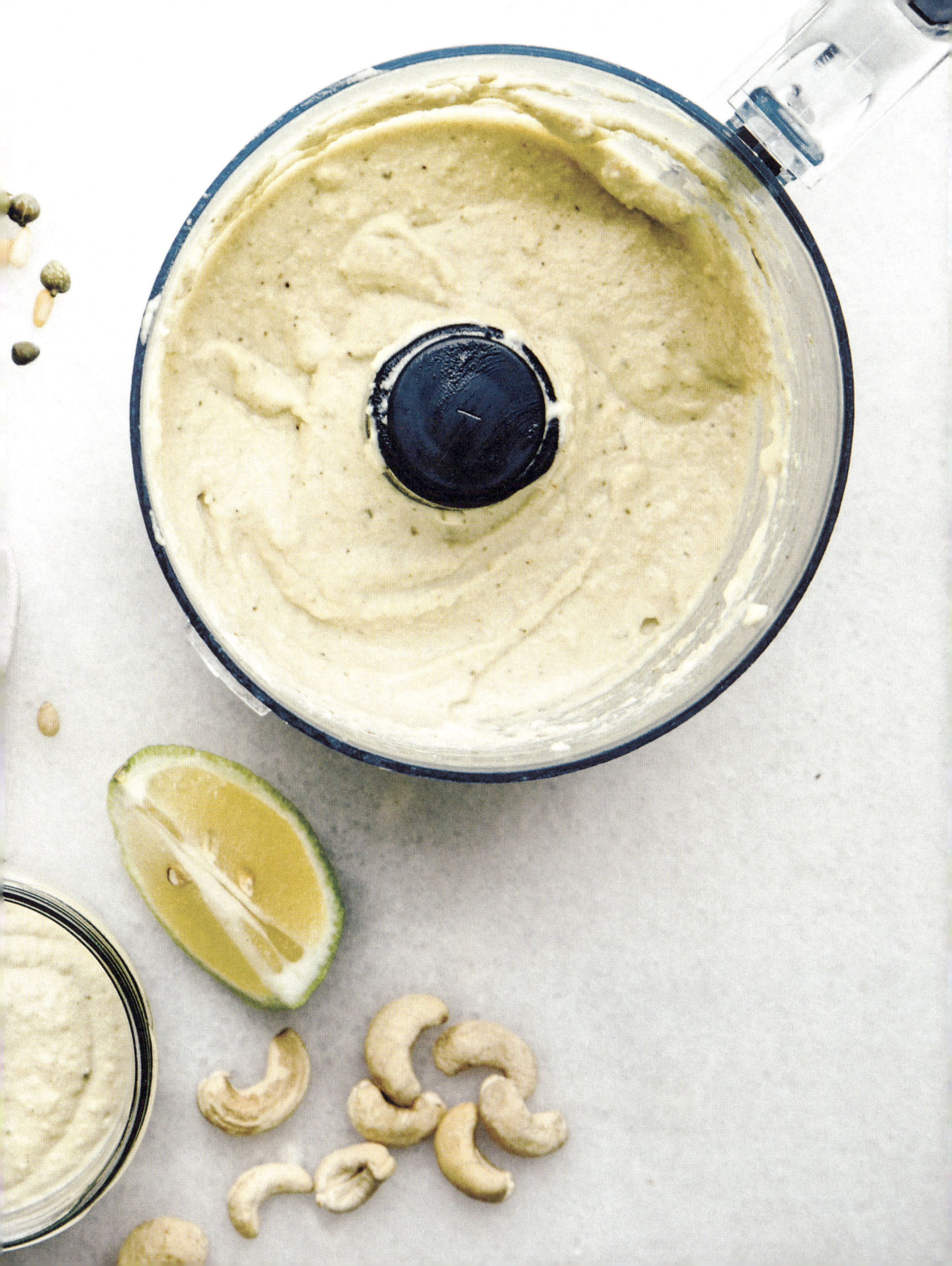

HAMBÚRGUER GREGO

CEBOLINHA | ABOBRINHA | QUEIJO FETA

Esse hambúrguer suculento e saboroso foi inspirado pelo *kolokithokeftedes*, popular petisco grego – um bolinho de abobrinha com nome difícil de pronunciar, mas fácil de amar. O queijo feta dá o toque salgado, e a cebolinha confere o sabor de uma cebola mais suave. A abobrinha tem muita umidade: para dar liga à massa, esprema para tirar a água antes de cozinhar. Use um aro de metal para moldar os discos em uma forma perfeita.

1. Para o Creme de queijo feta vegano (se for usar), adicione todos os ingredientes no processador ou no liquidificador. Tempere a gosto com sal e pimenta-do-reino e bata rapidamente para obter uma textura grosseira.

2. Para os hambúrgueres, esprema a abobrinha com as mãos, sobre uma peneira, ou enrolada em um pano de prato limpo, a fim de eliminar a maior quantidade de líquido possível. Coloque em uma tigela grande e junte os outros ingredientes. Tempere a gosto com sal e pimenta.

   Divida a massa em quatro porções iguais e modele os discos. Aqueça uma frigideira grande em fogo médio-alto e regue com um fio de óleo ou 1 colher (sopa) de ghee. Frite os hambúrgueres por 3-4 minutos de cada lado, ou até dourar.

3. Para o molho, misture todos os ingredientes em uma tigela pequena.

4. Monte os sanduíches com o hambúrguer, o pão e o Molho cremoso de pimenta.

Rende 4 unidades, cerca de ½ xícara (chá)/90 g de Creme de queijo feta vegano e cerca de 200 g de Molho cremoso de pimenta.

Para o Creme de queijo feta vegano
80 g de castanha-de-caju demolhada e escorrida
2 colheres (sopa) de levedura nutricional
25 ml de azeite extravirgem
suco de ½ limão-siciliano
sal e pimenta-do-reino moída na hora a gosto

Para os hambúrgueres
2 abobrinhas raladas grosseiramente
6 cebolinhas picadas
2 ovos batidos ou 2 "ovos" de chia (p. 14)
100 g de queijo feta despedaçado ou Creme de queijo feta vegano
3 dentes de alho amassados
70 g de farinha panko ou farinha de rosca
150 g de farinha de grão-de-bico ou outra de sua preferência
sal e pimenta-do-reino moída na hora a gosto
óleo ou ghee, para fritar

4 pães de hambúrguer cortados ao meio e tostados levemente

Para o Molho cremoso de pimenta
1 xícara (chá) rasa de maionese, coalhada ou creme de castanha-de-caju vegano
1 colher (chá) de pimenta-calabresa
suco de 1 limão-taiti ou siciliano

DICA
Esse hambúrguer fica delicioso com diversos molhos e acompanhamentos. Experimente também com Tapenade de kalamata (p. 63), Molho romesco (p. 63), Zhug de limão (p. 87) ou Molho de endro, mostarda e castanha-de-caju (p. 152).

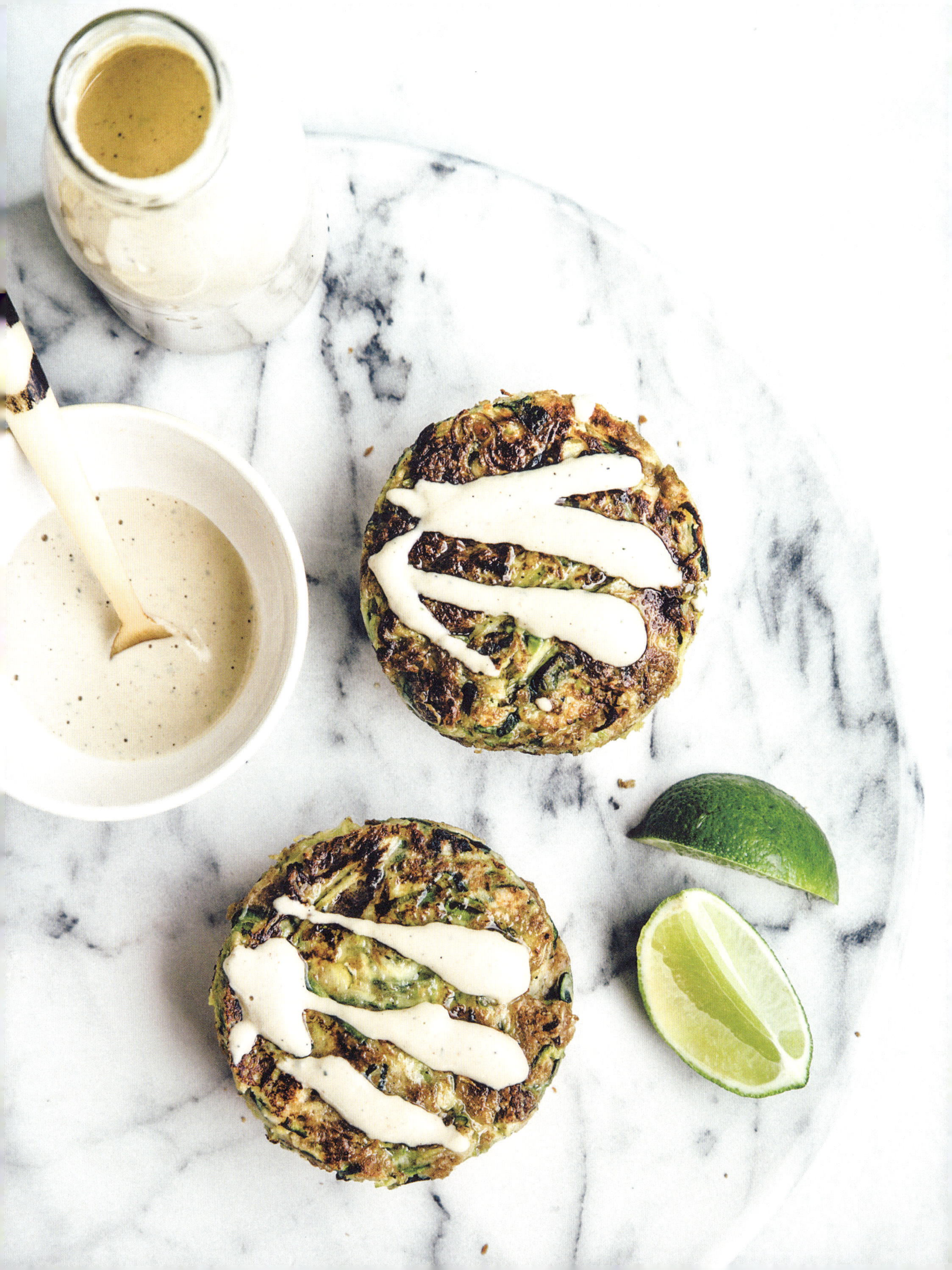

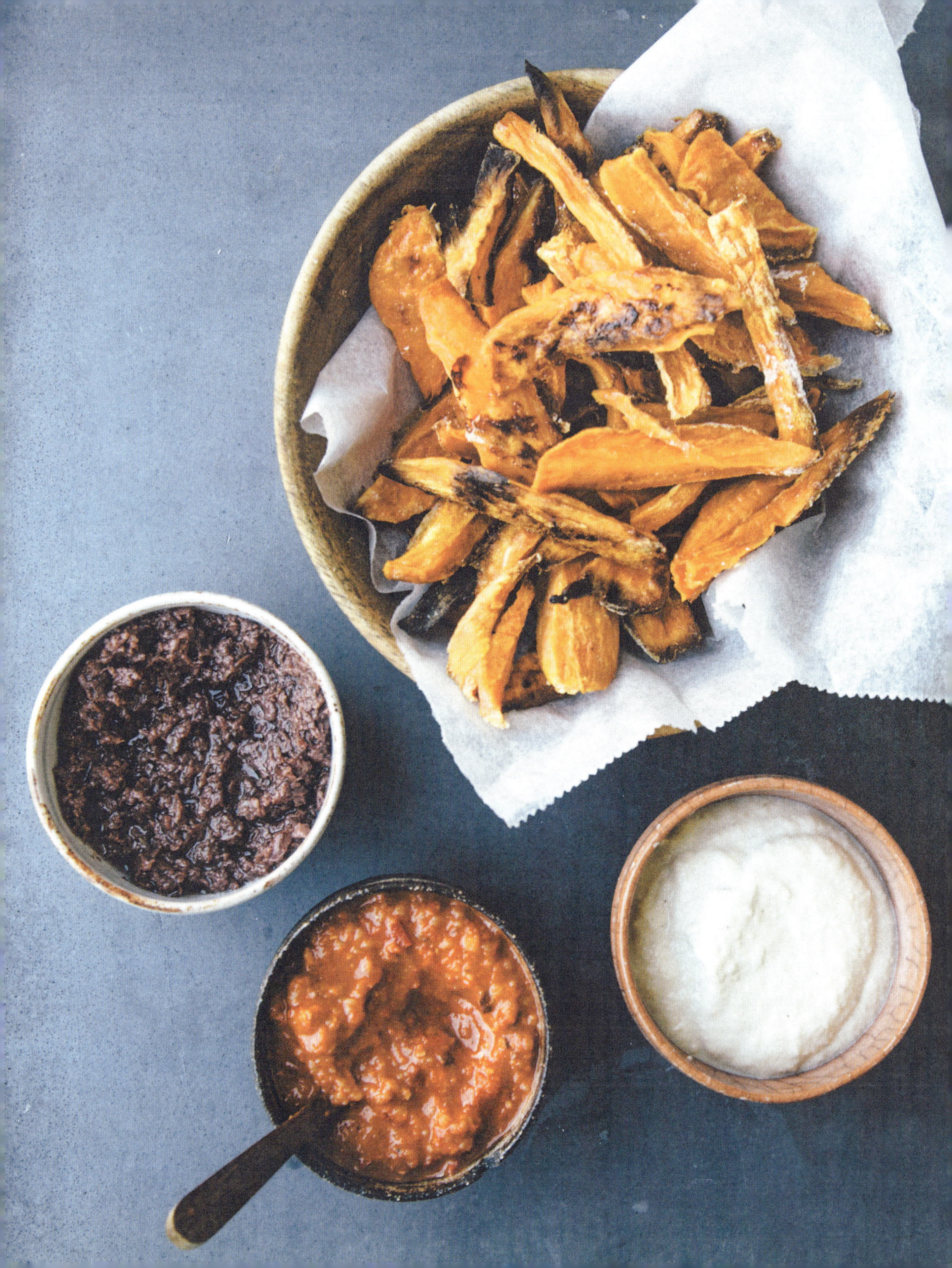

SUL DA EUROPA

CUNHAS DE BATATA-DOCE

BATATA-DOCE

Acompanhamento perfeito para qualquer sanduíche, ficam deliciosas com Molho romesco, Tapenade de kalamata (à direita) ou Toum de castanha-de-caju (p. 92), à base de alho.

500 g de batata-doce [se possível, a laranja] descascada e cortada em cunhas
tomilho, páprica e alecrim a gosto
azeite
sal e pimenta-do-reino moída na hora a gosto

1. Preaqueça o forno a 200°C. Em uma tigela grande, misture a batata-doce com tomilho, páprica, alecrim e azeite. Tempere com sal e pimenta-do-reino.
2. Divida a batata-doce entre duas assadeiras baixas e leve ao forno por 30 minutos, virando na metade do tempo. Sirva morna com Molho romesco ou outro de sua preferência.

Rende 4 porções, como acompanhamento.

DICA
Tempere a batata com especiarias como canela, pimenta-calabresa, levedura nutricional, ras el hanout [mistura marroquina de especiarias], páprica defumada ou outras.

O molho branco na foto é o Toum de castanha-de-caju (p. 92), à base de alho, e lembra o aïoli.

MOLHO ROMESCO

AMÊNDOA | PIMENTÃO VERMELHO EM CONSERVA

Na Espanha, é comum encontrar o tradicional molho romesco nos cardápios de cafés e restaurantes. Versátil e saboroso, é feito com amêndoa tostada, pimentão, páprica defumada e pão amanhecido tostado.

75 g de amêndoa tostada
75 g de pão amanhecido tostado e esmigalhado
3 colheres (sopa) de purê de tomate
2 dentes de alho descascados
220 g de pimentão vermelho em conserva
1 colher (sopa) de vinagre de xerez [ou vinagre de arroz]
1 colher (chá) de páprica defumada
1 colher (chá) de sal
uma pitada de pimenta-calabresa
70 ml de azeite

Bata as amêndoas, o pão amanhecido, o purê de tomate, o alho, o pimentão, o vinagre, a páprica, o sal e a pimenta no processador. Aos poucos, com o aparelho ligado, despeje o azeite e bata até ficar homogêneo. Transfira para um recipiente de fecho hermético e conserve na geladeira por 2-3 dias.

Rende 400 ml.

TAPENADE DE KALAMATA

AZEITONA KALAMATA | ALCAPARRA

É deliciosa como patê ou para incrementar um sanduíche. Essa receita usa azeitona preta, mas também é possível fazer com a verde – quando colhido jovem, o fruto tem a cor mais clara, mas escurece à medida que amadurece. Ingrediente essencial no sul da Europa, a azeitona dá aos pratos um toque intenso, salgado e perfumado. Na tapenade, ela é picada com alcaparra. Também pode ser usada na massa para moldar os hambúrgueres.

200 g de azeitona preta picada
2 colheres (sopa) de alcaparra
2 dentes de alho amassados
100 ml de azeite

Bata todos os ingredientes no processador, por alguns segundos. Mantenha em recipiente de fecho hermético na geladeira até a hora de usar, ou por até 1 semana.

Rende cerca de 1½ xícara (chá)/350 ml.

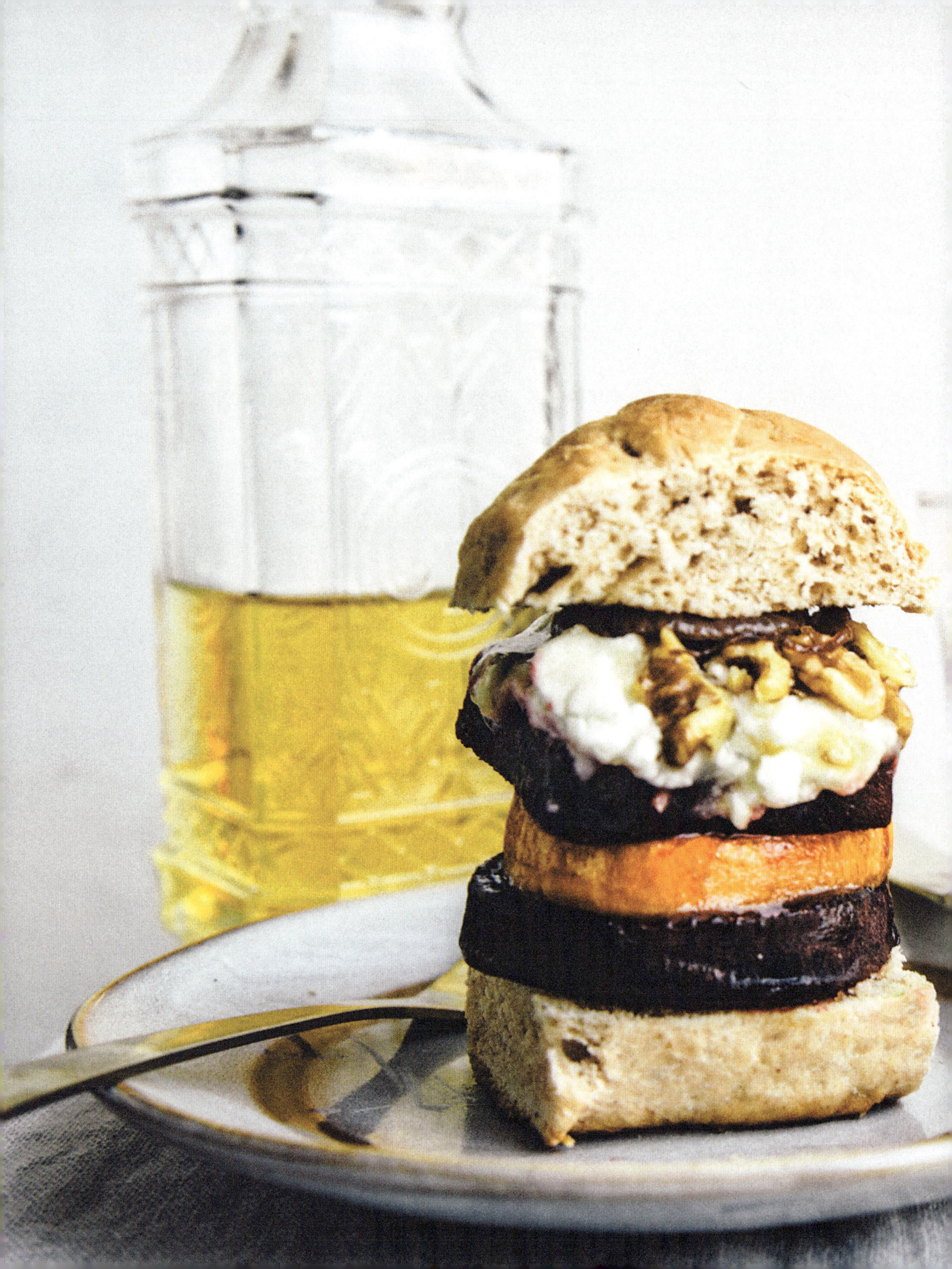

SUL DA EUROPA

SANDUÍCHE NIÇOISE

BETERRABA ASSADA | MEL | QUEIJO DE CABRA | NOZES

O queijo de cabra é um dos ingredientes mais valorizados na cozinha do sul da França e combina muito bem com o adocicado da beterraba assada. Esse sanduíche também fica ótimo com o Pesto de nozes (p. 73).

1. Preaqueça o forno a 200°C. Em uma tigela média, misture a beterraba, o azeite, sal, pimenta-do-reino e o tomilho. Coloque em uma assadeira baixa e leve ao forno por 30-35 minutos, virando na metade do tempo, até ficar bem cozido. Nos últimos 5 minutos, disponha pedaços de queijo de cabra sobre as fatias.

2. Monte os sanduíches com o hambúrguer, o pão e as sugestões de acompanhamento. *Bon appétit!*

Rende 4 unidades.

Para os sanduíches

2 beterrabas grandes descascadas e cortadas em rodelas de 1 cm de espessura

azeite

sal e pimenta-do-reino moída na hora a gosto

1 colher (sopa) de tomilho

2 colheres (chá) de mel ou xarope de agave

100 g de queijo de cabra fresco ou queijo vegano macio

4 brioches cortados ao meio

Para incrementar

nozes picadas

50 g de rúcula

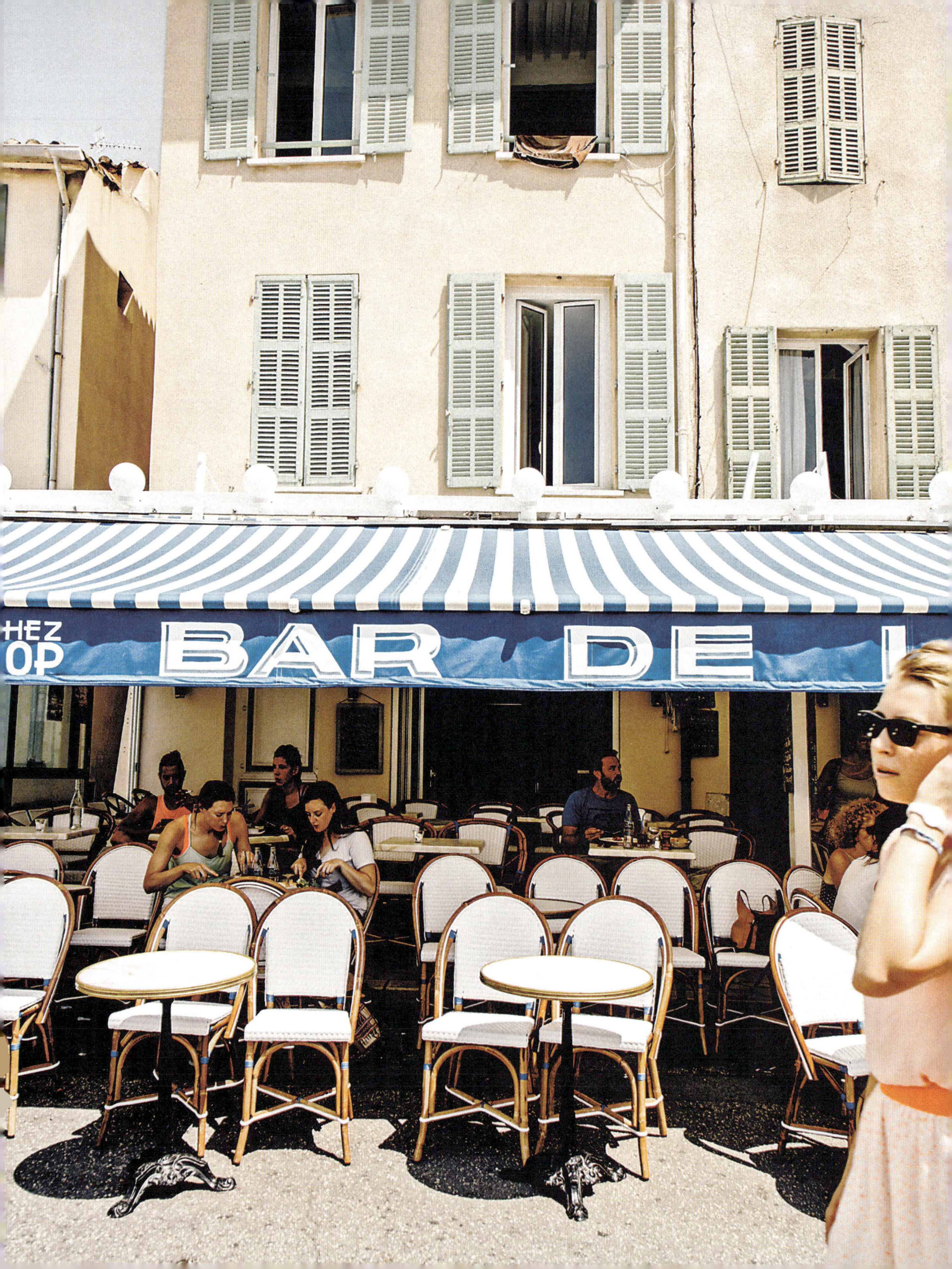
HEZ
OP
BAR DE

SUL DA EUROPA

BRIOCHE CLÁSSICO

FARINHA DE TRIGO | OVO | GERGELIM

Você pode servir o hambúrguer com diversos tipos de pão, mas o brioche clássico é uma escolha segura e, para muitos, imbatível. Leve e com uma casca fina, fica especialmente bom com hambúrgueres vegetarianos, que correm o risco de ser dominados por pães de sabor mais forte. Se quiser dar uma cor a ele, acrescente 1 colher (sopa) de carvão ativado vegetal em pó, para tingir a massa de preto, ou de espirulina, para deixá-la verde.

1. Em uma panela pequena, em fogo médio, aqueça o leite, retire e espere esfriar até 37°C [meça com um termômetro culinário]. Transfira para uma tigela pequena e junte o açúcar e o fermento, para ativá-lo. Reserve por 5 minutos, ou até espumar.

2. Bata os ovos e o sal. Adicione à mistura de leite, fermento e açúcar.

3. Em uma vasilha grande, coloque a farinha, o carvão em pó (se for usar) e a manteiga. Misture com os dedos, até obter uma textura grosseira. Faça uma cova no centro e adicione a mistura líquida (os ovos batidos com o fermento ativado no leite com açúcar). Misture até obter uma massa grudenta.

   Outra opção é passar a farinha com a manteiga no processador. Junte a mistura de leite e bata até obter uma massa grudenta.

4. Polvilhe a superfície de trabalho com farinha e sove a massa por 10 minutos, até ficar macia. Coloque em uma tigela, cubra e deixe crescer por 1h30-2 h.

5. Quando a massa dobrar de tamanho, amasse e sove por alguns minutos; se necessário, polvilhe a superfície com mais farinha. Divida em doze a dezoito bolas, dependendo do tamanho desejado. Transfira para uma assadeira, cubra e deixe descansar por 1 hora.

6. Preaqueça o forno a 220°C. Pincele os pães com a gema misturada a um pouco de água e espalhe o gergelim. Asse no centro do forno por 15 minutos, ou até dourar. Espere esfriar antes de servir.

Rende 12 unidades grandes ou 18 menores.

280 ml de leite vegetal ou de vaca
1 colher (sopa) de açúcar
2¼ colheres (chá) de fermento biológico seco
2 ovos orgânicos batidos
uma pitada de sal
500 g de farinha de trigo especial para pães, mais um pouco para polvilhar
1 colher (sopa) de carvão ativado em pó ou espirulina em pó (opcional)
4 colheres (sopa) de manteiga em temperatura ambiente
1 gema de ovo orgânico
gergelim, para polvilhar

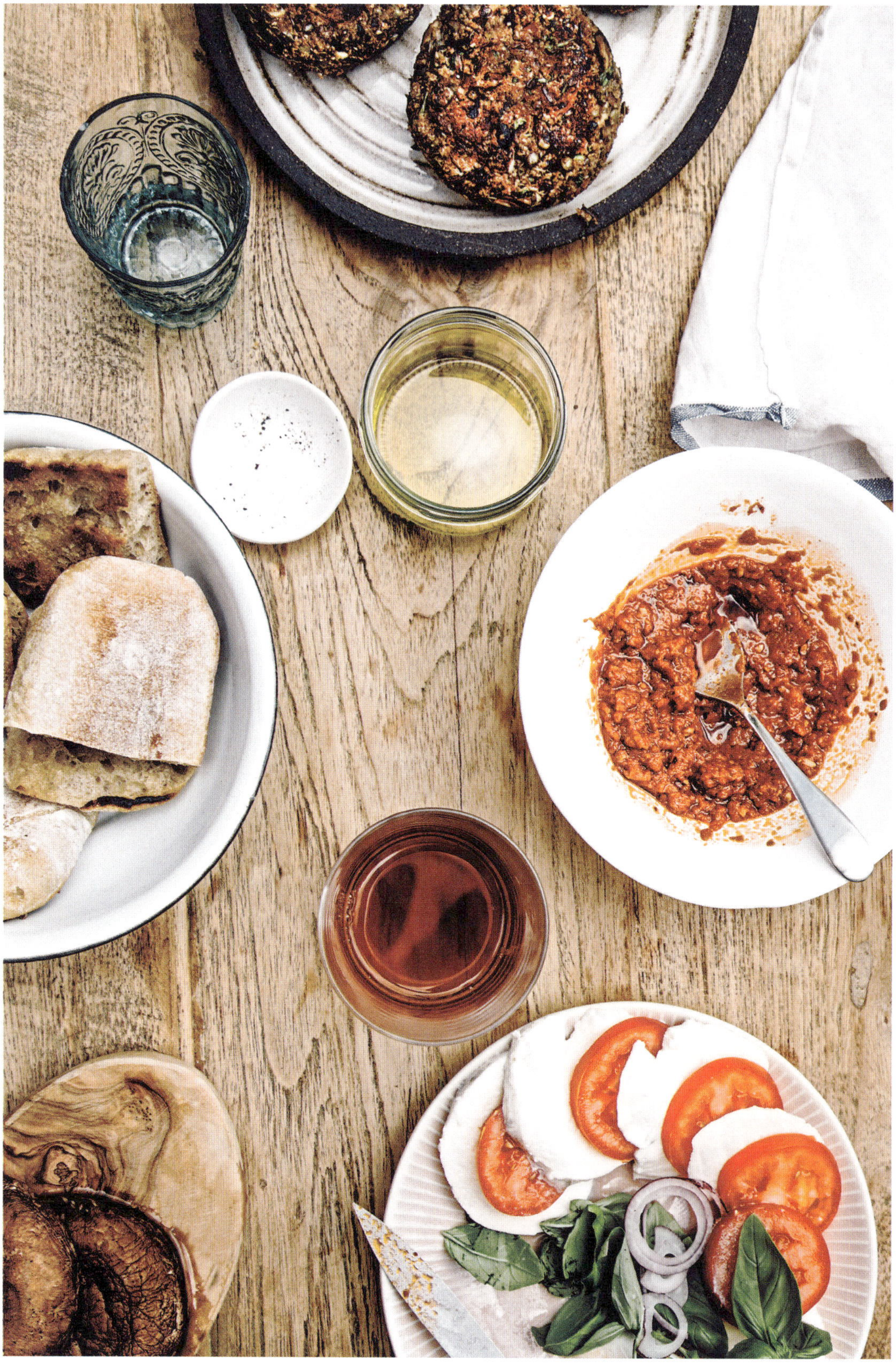

HAMBÚRGUER CAPRESE

TOMATE SECO | PESTO DE TOMATE | MANJERICÃO | BURRATA

Essa receita homenageia os sabores italianos tradicionais. A combinação de tomate, alho, vinagre balsâmico e ervas – de dar água na boca! – faz lembrar o clássico molho à bolonhesa e almôndegas. Sirva com manjericão e burrata para um contraste refrescante e cremoso. *Mangia!*

1. Para os hambúrgueres, aqueça uma frigideira em fogo médio-alto com um fio de azeite ou 1 colher (sopa) de ghee. Acrescente a cebola e refogue por 6-7 minutos, até ficar translúcida. Transfira para uma tigela e reserve.
2. Acrescente mais azeite à frigideira e refogue o cogumelo, até murchar e dourar. Junte à tigela da cebola e adicione os ingredientes restantes.
3. Trabalhando em porções, passe a massa pelo processador, até obter uma textura grosseira, com pedaços pequenos visíveis. Divida em quatro partes iguais e modele os discos.
4. Aqueça um fio de azeite em uma frigideira em fogo médio-alto. Frite os hambúrgueres por 3-4 minutos de cada lado, ou até dourar.
5. Monte os sanduíches com o hambúrguer, o pão e as sugestões para incrementar.

Rende 4 unidades.

Para os hambúrgueres

azeite ou ghee, para fritar
1 cebola em fatias finas
250 g de cogumelo-de-paris picado
50 g de tomate seco hidratado, escorrido e picado
200 g de lentilha cozida
1 colher (sopa) de azeite
1 colher (sopa) de manjerona
1 colher (sopa) de vinagre balsâmico ou vinagre de vinho tinto
1 colher (chá) de xarope de agave ou mel
2 dentes de alho
50 g de levedura nutricional ou parmesão ralado na hora
70 g de farinha panko ou farinha de rosca
70 g de farro ou arroz integral cozido
½ xícara (chá) de manjericão picado
sal e pimenta-do-reino moída na hora a gosto

4 ciabattas pequenas cortadas ao meio tostadas levemente, ou cogumelos portobello grandes no lugar do pão

Para incrementar

burrata ou outro queijo italiano macio (ou queijo vegano)
manjericão
vinagre balsâmico
Pesto de tomate (p. 73)
tomate em rodelas

SANDUÍCHE NO COGUMELO

COGUMELO PORTOBELLO | BATATA-DOCE | PESTO DE NOZES

Deve ser a receita mais simples do livro – e incrivelmente saborosa –, com o cogumelo fazendo as vezes de pão. Vegano e sem glúten.

1. Em uma frigideira, aqueça um fio de azeite em fogo médio-alto. Refogue o pimentão por 3-4 minutos; reserve até a hora de usar.

2. Recoloque a frigideira no fogo e acrescente mais um fio de azeite. Frite dois cogumelos por 1 minuto de cada lado. Tempere com uma pitada de sal e diminua a temperatura para médio-baixo. Tampe e cozinhe por cerca de 2 minutos, virando duas vezes. Retire do fogo.

3. Aumente o fogo para médio-alto e aqueça mais um fio de azeite. Junte duas fatias de batata-doce, tempere com sal e pimenta e frite por 3-5 minutos, até ficarem cozidas. Repita os procedimentos com o restante do portobello e da batata-doce.

4. Monte os sanduíches: use os cogumelos no lugar do pão e faça camadas com batata-doce, pimentão, avocado, espinafre, cebola, Pesto e Creme cítrico de castanha-de-caju.

Rende 4 unidades.

Para os sanduíches

azeite ou ghee, para refogar
1 pimentão vermelho em rodelas
8 cogumelos portobello sem os talos
sal a gosto
8 rodelas finas de batata-doce
pimenta-calabresa a gosto

Para incrementar

1 avocado [ou ½ abacate] em rodelas
1 maço de espinafre baby ou rúcula
Cebola caramelizada (p. 32)
Pesto de nozes (p. 73)
Creme cítrico de castanha-de-caju
  (p. 142)

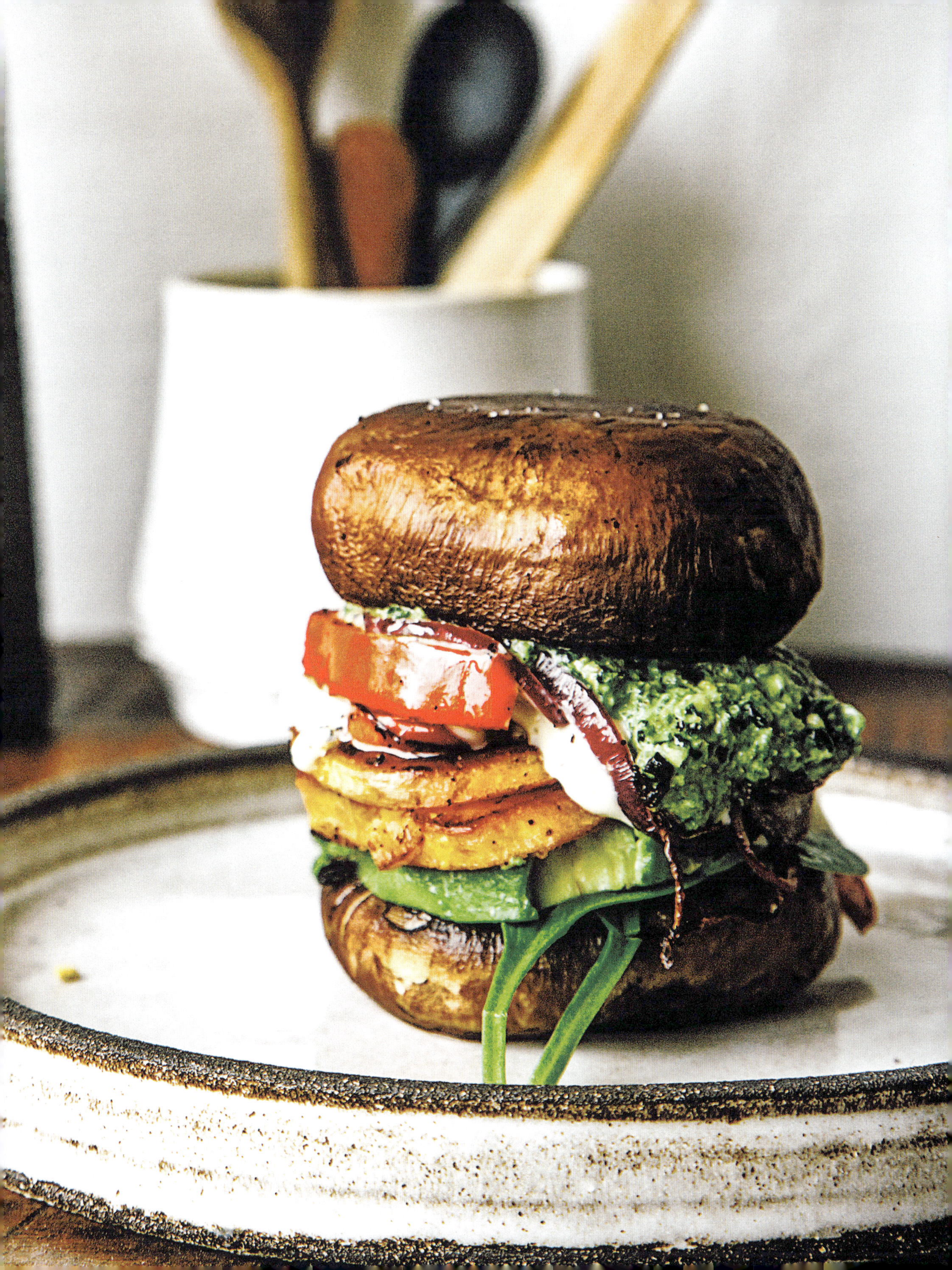

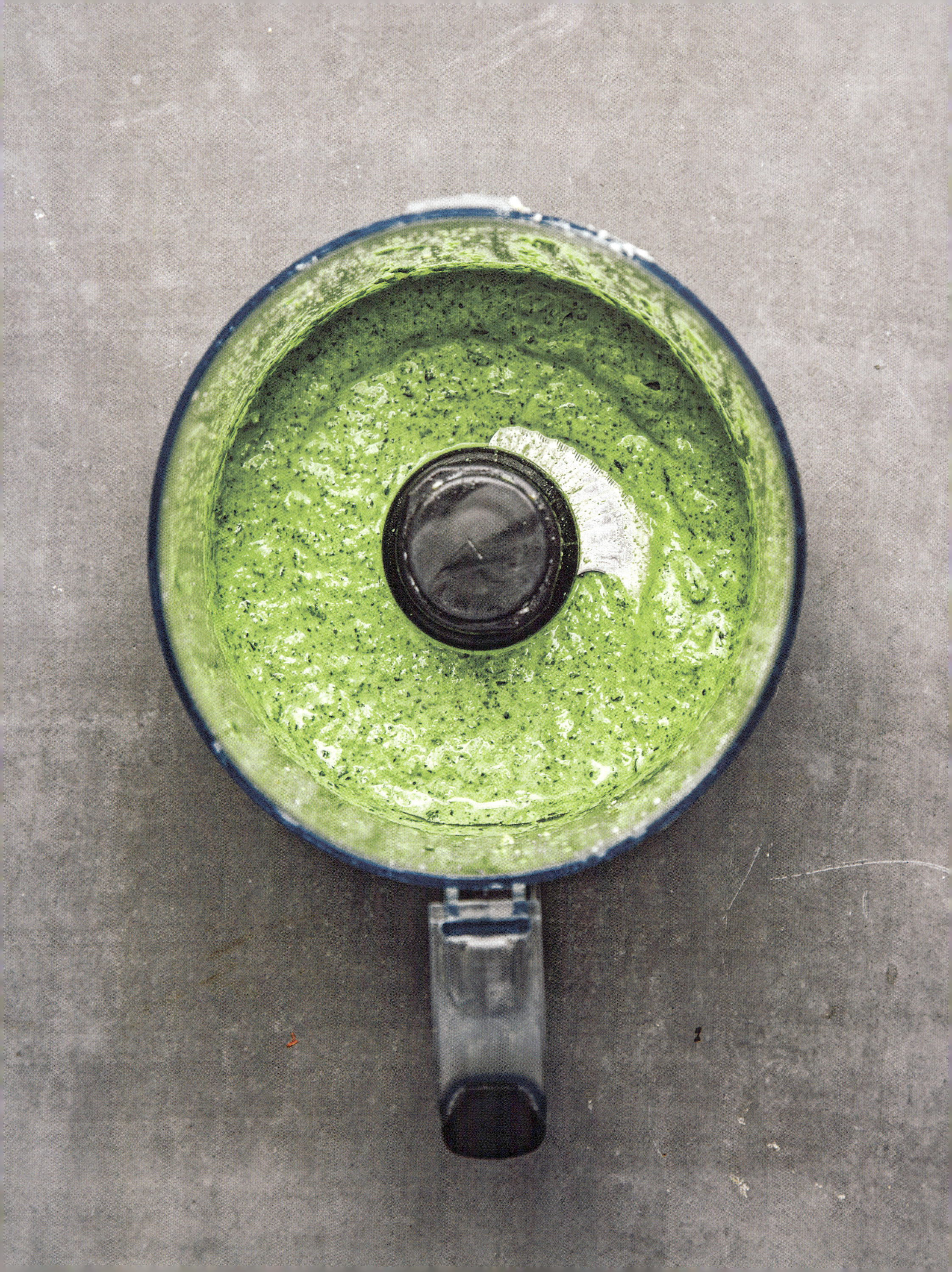

SUL DA EUROPA

PESTO DE NOZES

MANJERICÃO | NOZES | PARMESÃO | AZEITE EXTRAVIRGEM

O pesto é uma combinação perfeita de ervas frescas, azeite e sal. Receitas simples e saborosas de pesto podem ser feitas com o mínimo de ingredientes, mas acrescentar oleaginosas, alho e suco de limão-siciliano o eleva a outro nível. As nozes e o manjericão dessa receita a tornam excelente para incrementar sanduíches de inspiração italiana e francesa.

1 maço grande de manjericão
100 g de nozes ou pinhole
60 ml de azeite extravirgem
2 colheres (sopa) de parmesão ralado na hora ou levedura nutricional
1½ colher (chá) de suco de limão-siciliano, mais um pouco se necessário
sal a gosto

1. Bata todos os ingredientes no processador até ficar homogêneo.

2. Prove e, se necessário, acrescente mais sal ou suco de limão.

3. Coloque em um recipiente de fecho hermético e mantenha na geladeira.

Rende cerca de 150 g.

PESTO DE COENTRO

COENTRO | CASTANHA-DE-CAJU | NOZES

A combinação de coentro com alho, pimenta, manjericão e nozes tostadas fica divina com pão e hambúrguer.

100 g de nozes ou pinhole
1 dente de alho
1 maço de coentro
1 maço de manjericão
100 g de castanha-de-caju tostada (opcional)
60 ml de azeite extravirgem
1 colher (sopa) de óleo de gergelim torrado (opcional)
2 colheres (sopa) de parmesão ralado na hora ou levedura nutricional
1½ colher (chá) de suco de limão-siciliano (opcional)
uma pitada de pimenta-calabresa (opcional)
sal a gosto

1. Bata todos os ingredientes no processador, até ficar homogêneo.

2. Prove e, se necessário, acrescente mais sal ou pimenta.

3. Transfira para um recipiente de fecho hermético e mantenha na geladeira.

Rende cerca de 1 xícara (chá)/300 g.

PESTO DE TOMATE

TOMATE SECO | ALHO

O tomate seco é um elemento poderoso para o paladar, além de ser nutritivo. Para um acréscimo intenso de sabor, use esse pesto vermelho na massa do hambúrguer ou para incrementar o sanduíche.

um punhado generoso de tomate seco hidratado por 30 minutos e escorrido
1 maço grande de manjericão
1 dente de alho
60 ml de azeite extravirgem
100 g de pinhole (opcional)
1½ colher (chá) de vinagre de vinho tinto ou balsâmico
½ colher (chá) de sal, mais a gosto

1. Bata todos os ingredientes no processador até ficar homogêneo.

2. Prove e, se necessário, acrescente mais vinagre ou sal.

3. Transfira para um recipiente de fecho hermético e mantenha na geladeira.

Rende cerca de 150 g.

SUL DA EUROPA

HAMBÚRGUER ENSOLARADO

CENOURA | TRIGO-SARRACENO | QUEIJO FETA | LIMÃO-SICILIANO | KIMCHI DE REPOLHO ROXO

Essa receita une o queijo feta salgado com o limão-siciliano e a doçura da cenoura com o trigo-sarraceno. É um hambúrguer refrescante com sabores típicos da Grécia e do sul da Europa acompanhado por fatias de avocado e Kimchi, para um toque mais picante. A intensa cor da conserva vem do repolho roxo, usado no lugar da acelga. Para um acabamento cremoso, sirva com Maionese de alho.

1. Para a Maionese de alho, misture todos os ingredientes em uma vasilha e reserve até a hora de usar.
2. Para os hambúrgueres, misture todos os ingredientes, até o sal e a pimenta, em uma vasilha. Trabalhando em porções, passe a massa pelo processador até obter uma textura grosseira, com pedaços pequenos visíveis. Outra opção é usar um garfo, ou as mãos, até a mistura ficar grudenta. Divida em quatro partes iguais e modele os discos. Disponha-os numa travessa, cubra e leve à geladeira por 30 minutos, ou até 24 horas.
3. Aqueça um fio de azeite em uma frigideira em fogo médio-alto. Frite os hambúrgueres por 2-4 minutos de cada lado, ou até dourar.
4. Monte os sanduíches com o hambúrguer, o pão e as sugestões para incrementar.

Rende 4 unidades.

Para a Maionese de alho
½ xícara (chá) rasa de maionese
1 colher (chá) de alho ralado na hora
sal a gosto

Para os hambúrgueres
50 g de queijo feta
100 g de cenoura ralada grosseiramente
100 g de trigo-sarraceno cozido
3 cebolinhas picadas
1 colher (sopa) de suco de limão-siciliano
um punhado de ervas picadas, como coentro, salsa e hortelã
sal e pimenta-do-reino moída na hora
azeite ou ghee, para fritar

4 pães de hambúrguer cortados ao meio e tostados levemente

Para incrementar
avocado fatiado
Maionese de alho
Kimchi (p. 110) ou Chucrute roxo (p. 42)

DICA
Esse hambúrguer fica delicioso com outros molhos, como Tapenade de kalamata (p. 63), Molho Caesar moderno (p. 58) ou Creme de avocado e limão (p. 132). Para um sabor mais refrescante e menos picante, substitua o Kimchi por brotos frescos.

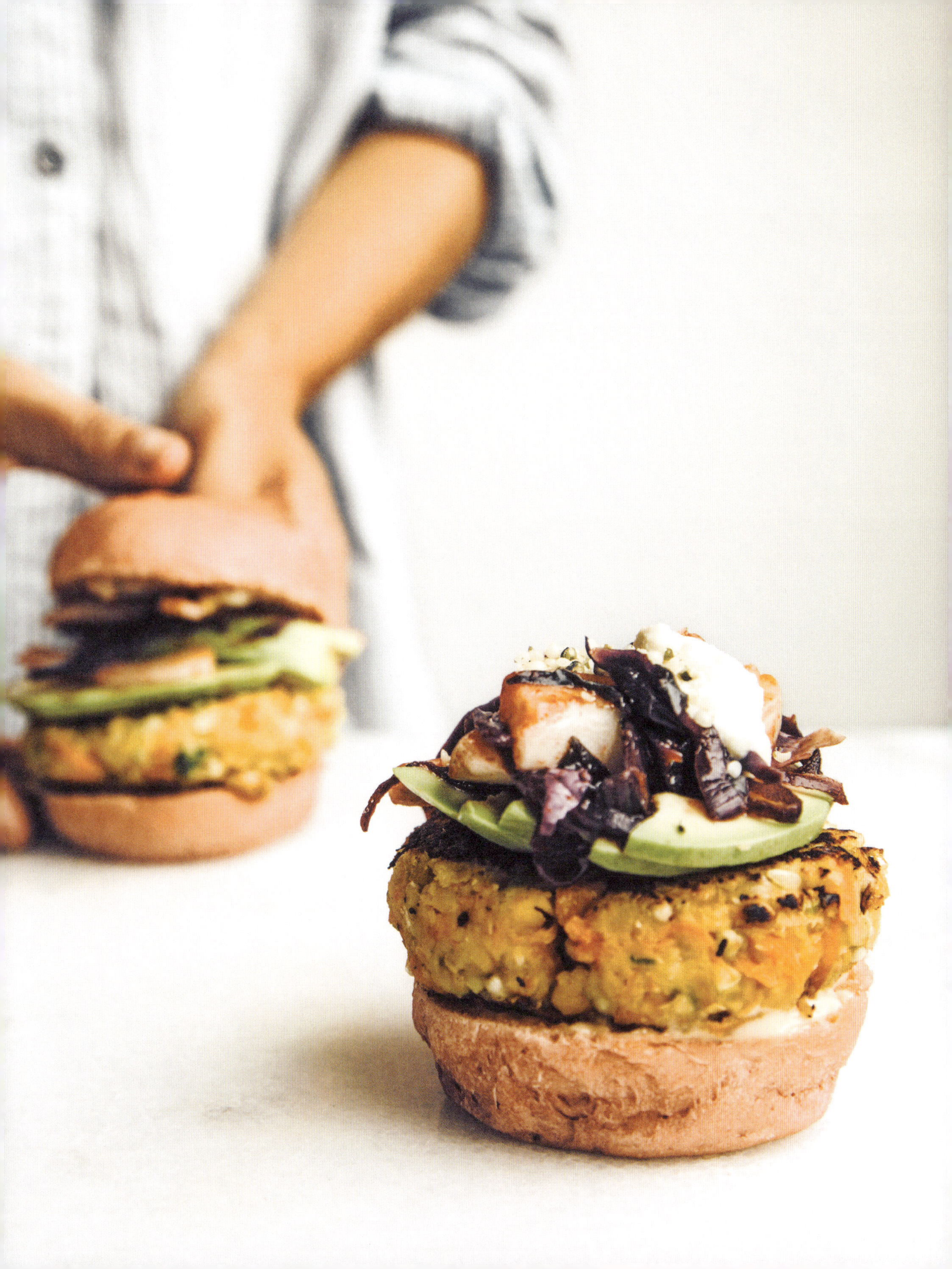

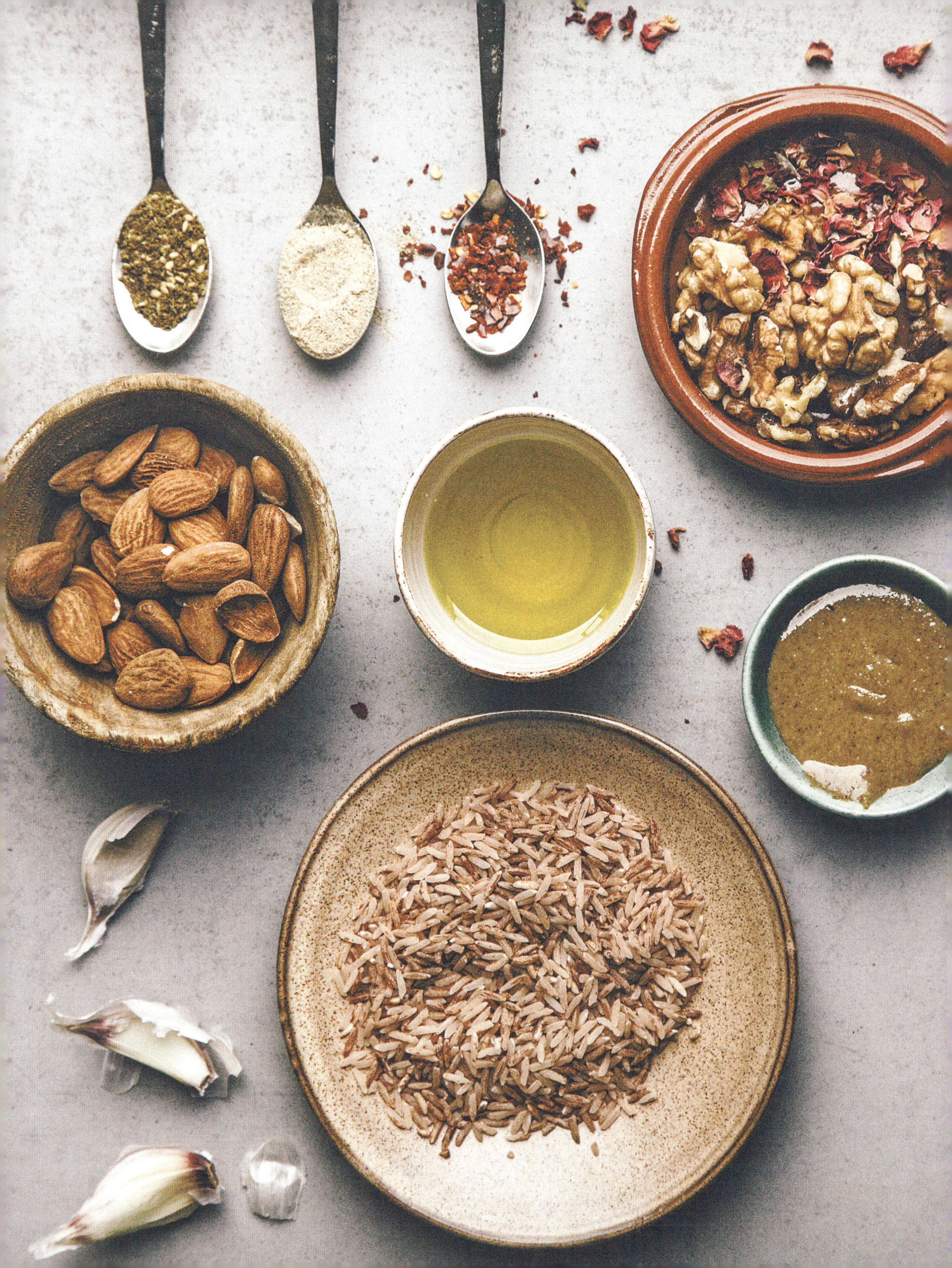

ORIENTE MÉDIO E NORTE DA ÁFRICA

Existe uma profusão de sabores ricos e ousados na comida do Oriente Médio e do norte da África. As receitas da região geralmente exibem um equilíbrio entre o picante e o terroso com ervas e cítricos de gosto intenso.

Os ingredientes mais notáveis são as especiarias – açafrão, canela, cravo, coentro e cominho dão uma personalidade deliciosa aos pratos. Outros produtos comuns são azeitona, nozes, pimentão, tahine, tâmara, salsa, hortelã, grão-de-bico e romã. Arroz, freekeh, triguilho e cuscuz estão entre os grãos mais populares.

Confira, a seguir, um banquete de opções inspiradas por esses sabores estimulantes.

HAMBÚRGUER LACHMACUN

LENTILHA | COENTRO | TOUM DE CASTANHA-DE-CAJU | HARISSA

Os sabores desse sanduíche inspiram-se nas pizzas turcas e armênias conhecidas como lachmacun. Embora sejam feitas tradicionalmente com carne, elas se caracterizam pelo contraste entre as especiarias picantes e a salada refrescante e o Toum de castanha-de-caju. Esse hambúrguer feito com lentilha, canela, cominho e coentro é delicioso. Incremente com alface, cebola e molhos.

1. Para os hambúrgueres, preaqueça o forno a 60°C (ou deixe na mais baixa marcação, com a porta entreaberta). Em uma frigideira grande, aqueça um fio de azeite ou 1 colher (sopa) de ghee em fogo médio-alto. Junte o cogumelo e refogue por 7-8 minutos, até murchar e evaporar o excesso de líquido. Acrescente o alho e deixe por 1 minuto.

2. Adicione a lentilha, a harissa, o cominho, o sal e a canela. Refogue por 3-4 minutos, ou até ficar aromático e evaporar o excesso de líquido.

3. Junte as nozes, o triguilho, o coentro e o tomate seco. Trabalhando em porções, passe a massa pelo processador até obter uma textura grosseira, com pedaços pequenos visíveis. Cubra e leve à geladeira por 15 minutos, ou até 24 horas.

    Divida em quatro partes iguais e modele os discos. Em uma frigideira em fogo médio-alto, frite por 2-3 minutos de cada lado, ou até dourar. Tempere com sal e pimenta-do-reino a gosto. Transfira para uma assadeira baixa e leve ao forno por 8-10 minutos.

4. Monte os sanduíches com o hambúrguer, o pão e as sugestões para incrementar.

Rende 4 unidades.

Para os hambúrgueres
azeite ou ghee
193 g de cogumelo-de-paris picado
3 dentes de alho amassados
253 g de lentilha cozida
2 colheres (sopa) de Harissa caseira (p. 94) ou industrializada
1 colher (chá) de cominho em pó
¾ de colher (chá) de sal, mais a gosto
uma pitada de canela em pó
100 g de nozes tostadas levemente e moídas
50 g de triguilho ou arroz integral cozido
1 xícara (chá) rasa de coentro picado
50 g de tomate seco hidratado, escorrido e batido no liquidificador até virar um purê
pimenta-do-reino moída na hora a gosto

4 pães de hambúrguer cortados ao meio e tostados levemente

Para incrementar
Toum de castanha-de-caju (p. 92)
cebola roxa fatiada
alface-americana em tiras finas
um punhado de hortelã picada
um punhado de coentro picado

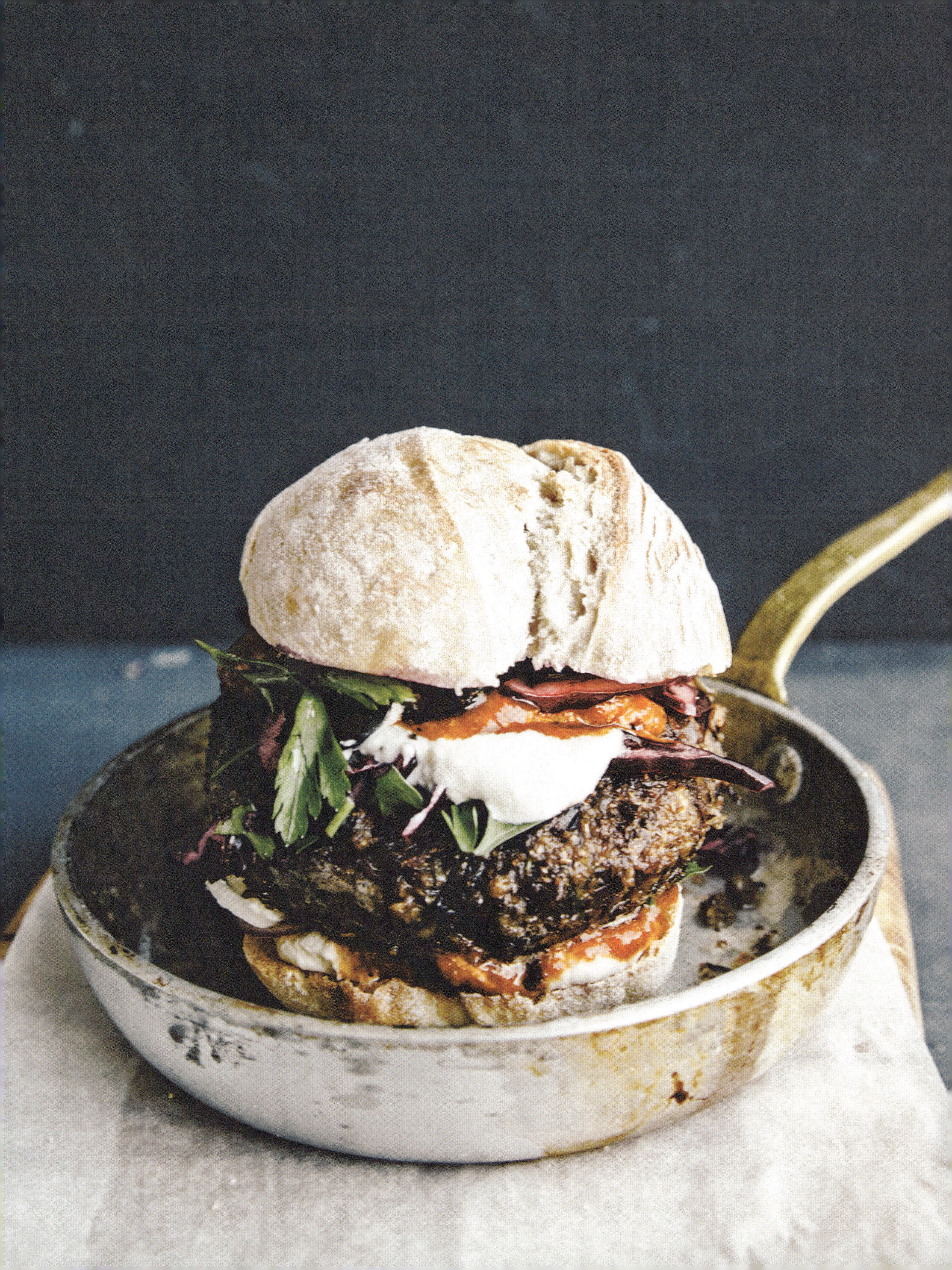

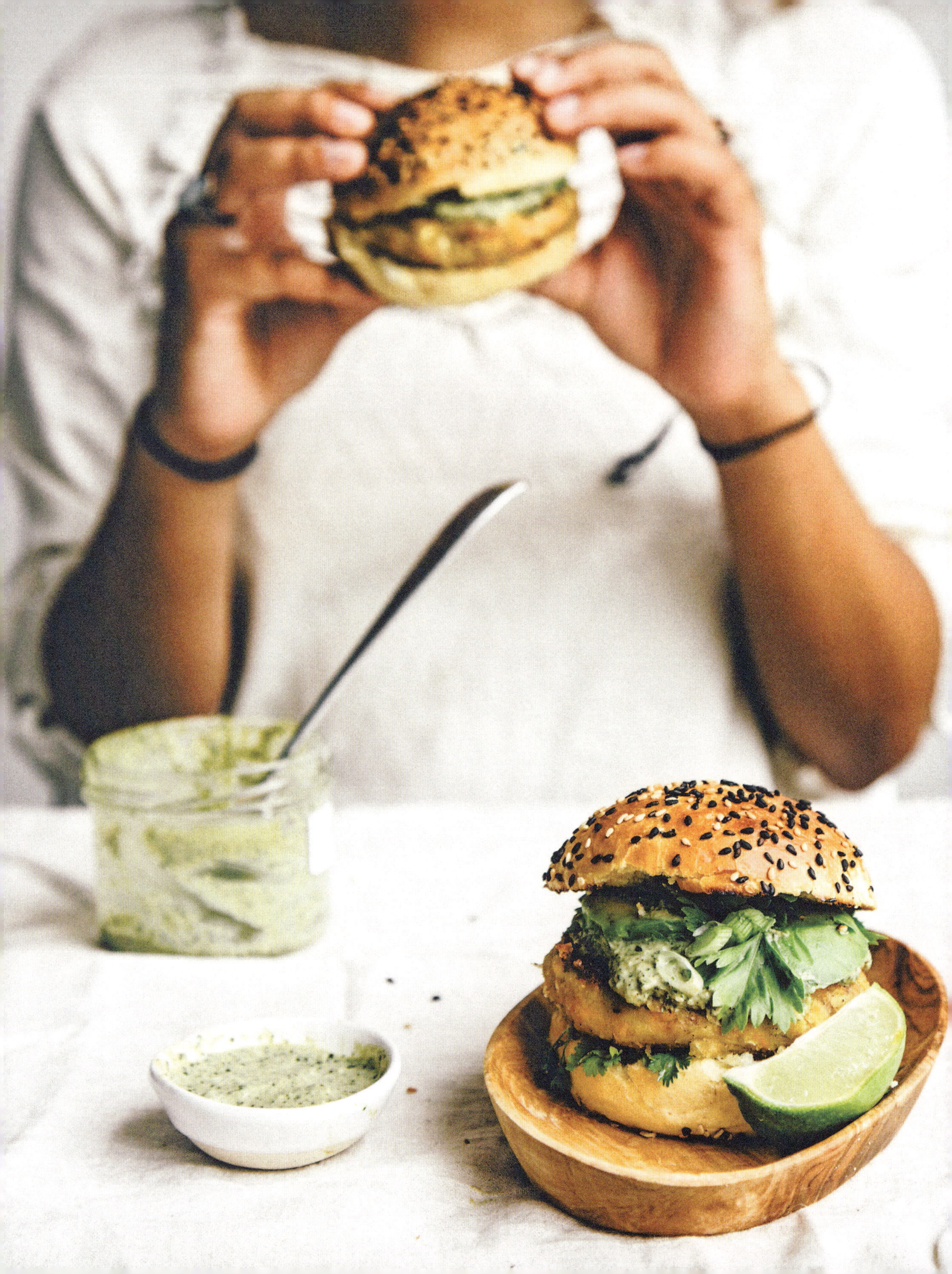

HAMBÚRGUER DE FREEKEH E AÇAFRÃO

AÇAFRÃO | BATATA-DOCE | MOLHO VERDE DE TAHINE

Essa receita irresistível combina harissa e freekeh, o trigo verde. Esse grão pode não ser tão conhecido e popular fora do Oriente Médio quanto o cuscuz e o triguilho, mas merece toda a atenção por causa do incrível sabor tostado. Para uma experiência memorável, regue o hambúrguer com o Molho verde de tahine.

1. Para a Maionese de açafrão, use os ingredientes em temperatura ambiente. Bata a gema com o vinagre, a mostarda, o açafrão e um pouco de sal. Aos poucos, junte o azeite sem parar de bater; comece com apenas algumas gotas e acrescente o restante com mais generosidade. Prove e, se necessário, acerte o sal e o vinagre.

2. Para os hambúrgueres, aqueça uma frigideira com um fio de óleo em fogo médio-alto. Refogue o freekeh rapidamente, até ficar perfumado. Junte a água, espere ferver, diminua o fogo e cozinhe por 15 minutos; se necessário, acrescente mais líquido. Desligue e espere esfriar.

3. Em outra frigideira, aqueça um fio de óleo ou 1 colher (sopa) de ghee em fogo médio-alto. Junte a cebola e refogue por 5-7 minutos, até ficar macia e translúcida. Transfira para uma tigela grande.

4. Adicione o freekeh e os ingredientes restantes, menos os pães. Bata no processador até obter uma textura grosseira. Prove e, se necessário, acerte o sal e a pimenta-do-reino. Cubra e leve à geladeira por 15 minutos, ou até 24 horas.

5. Modele quatro discos.

6. Em uma frigideira, aqueça um fio de óleo ou 1 colher (sopa) de ghee em fogo médio-alto. Frite os hambúrgueres por 3-4 minutos de cada lado. Tempere levemente com sal. Passe a Maionese de açafrão na metade de baixo dos pães e monte os sanduíches com o hambúrguer e as sugestões para incrementar.

Rende 4 unidades.

Para a Maionese de açafrão
1 gema
1 colher (sopa) de vinagre de vinho branco
1 colher (sopa) de mostarda
½ colher (chá) de açafrão
sal
150 ml de azeite

Para os hambúrgueres
óleo ou ghee
50 g de freekeh em grãos inteiros
175 ml de água
1 cebola picada
100 g de batata-doce descascada e em cubos pequenos
2 dentes de alho amassados
2 colheres (sopa) de Harissa caseira (p. 94) ou industrializada
1 colher (sopa) de suco de limão--siciliano
1 colher (sopa) de azeite
¾ de colher (chá) de sal, mais a gosto
pimenta-do-reino moída na hora a gosto

4 pães de hambúrguer cortados ao meio e tostados levemente

Para incrementar
Molho verde de tahine (p. 87)
coentro
pistache picado
avocado fatiado
suco de limão-taiti

ORIENTE MÉDIO E NORTE DA ÁFRICA

HAMBÚRGUER KASBAH

BERINJELA | COGUMELO-DE-PARIS | FREEKEH | HARISSA

Com toques de canela, pistache e uva-passa, esse hambúrguer de berinjela apresenta elementos dos sabores cotidianos da cozinha norte-africana. Acompanhado por Muhammara, uma deliciosa pasta síria de pimentão e nozes, tem tudo para agradar.

1. Preaqueça o forno a 180 °C. Coloque o cogumelo, a berinjela e a cebola em uma assadeira baixa e tempere com sal e pimenta-do-reino. Asse por 30 minutos e espere esfriar. Transfira para uma tigela grande e junte os ingredientes restantes, menos o óleo e os pães. Misture e bata no processador por alguns segundos, até ficar grudento. Cubra e leve à geladeira por 15 minutos, ou até 24 horas.

2. Modele quatro discos.

3. Em uma frigideira, aqueça um fio de óleo ou 1 colher (sopa) de ghee em fogo médio-alto. Frite os hambúrgueres por 3-4 minutos de cada lado. Tempere levemente com sal e pimenta-do-reino, transfira para uma assadeira baixa e leve ao forno por 8-10 minutos.

4. Sirva o hambúrguer entre as metades de pão com as sugestões para incrementar.

Rende 4 unidades.

Para os hambúrgueres

193 g de cogumelo-de-paris
1 berinjela pequena cortada ao meio
1 cebola roxa média em fatias finas
1 colher (chá) de sal
pimenta-do-reino moída na hora a gosto
228 g de freekeh ou triguilho cozido
78 g de aveia em flocos
3 dentes de alho amassados
27 g de pistache moído
18 g de uva-passa picada
2 colheres (sopa) de levedura nutricional ou parmesão ralado na hora
1 colher (sopa) de Harissa caseira (p. 94) ou industrializada
1 colher (chá) de páprica defumada
1 colher (chá) de canela em pó
óleo ou ghee, para fritar

4 pães de hambúrguer cortados ao meio e aquecidos

Para incrementar

Muhammara (p. 92)
repolho roxo em tiras finas
batata-doce frita ou assada
avocado fatiado

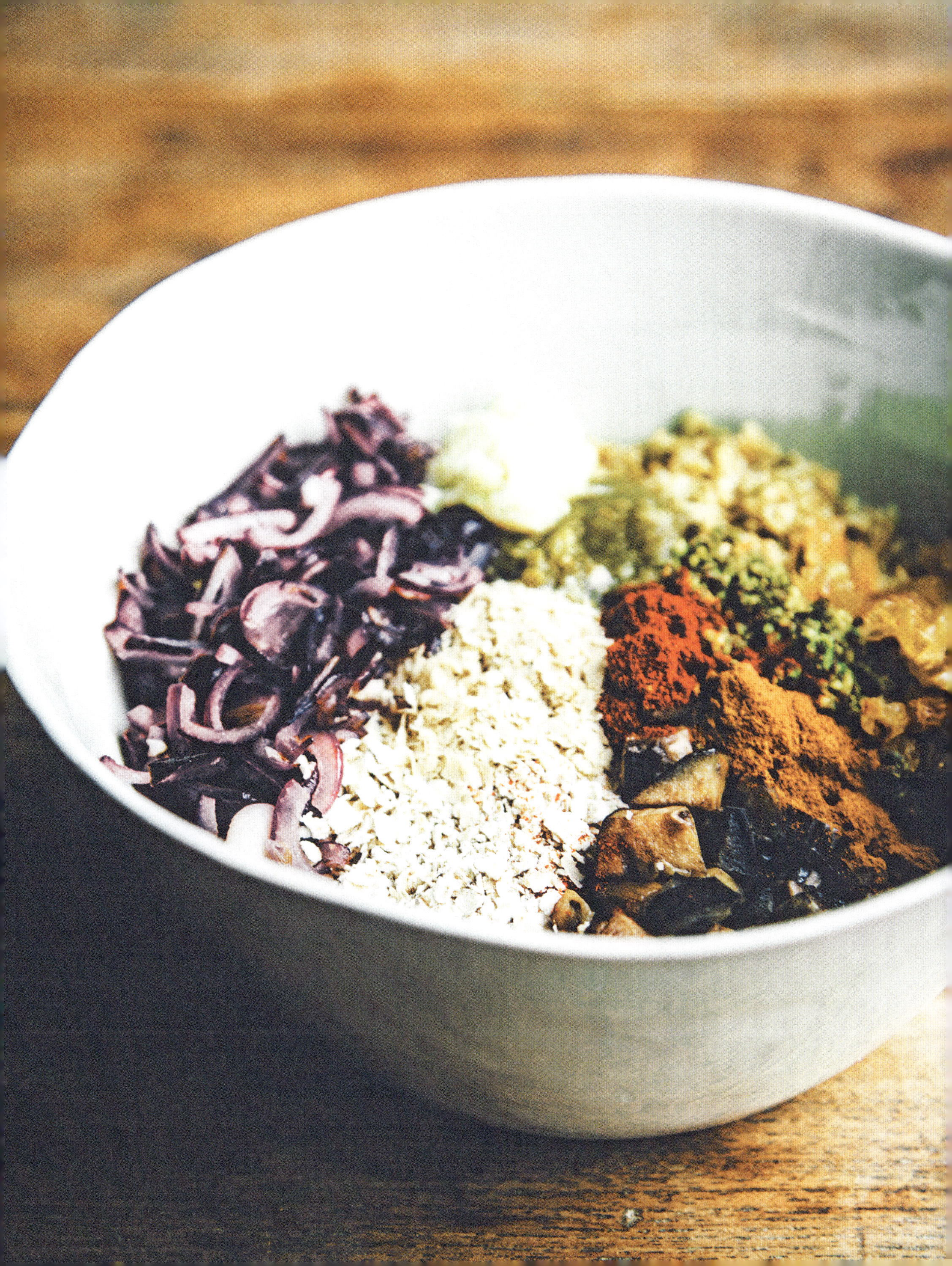

FALÁFEL

GRÃO-DE-BICO | HARISSA | CREME DE QUEIJO FETA

Feito de grão-de-bico – uma leguminosa rica em proteínas que também é a base do homus –, o faláfel é uma comida de rua comum no Oriente Médio. Nessa receita mais saudável, os bolinhos douram na frigideira e depois são assados, em vez de fritos. A massa deve ser trabalhada com cuidado, pois se desfaz com facilidade. Sirva com harissa e ervas frescas. Perfeito como aperitivo, para 10 pessoas, ou como uma refeição mais completa, para 4.

1. Preaqueça o forno a 180°C.

2. Para o faláfel, passe todos os ingredientes (menos a pimenta-do-reino e o pão) pelo processador. Bata com cuidado, até obter uma textura grosseira. Cubra e leve à geladeira por 15 minutos, ou até 24 horas.

3. Divida em vinte porções iguais e modele bolinhas – ou modele oito discos. Em uma frigideira, aqueça um fio de azeite em fogo médio-alto. Doure o faláfel por 1-2 minutos de cada lado. Tempere levemente com sal e pimenta-do-reino, transfira para uma assadeira baixa e asse por 8-10 minutos.

4. Sirva no pão pita com as sugestões para incrementar.

Rende 20 unidades pequenas ou 8 discos

Para o faláfel

⅔ de xícara (chá) de coentro picado

312 g de grão-de-bico cozido, escorrido e amassado com um garfo

100 g de arroz integral ou freekeh cozido

1 cebola roxa pequena picada

50 g de farinha de grão-de-bico

3 dentes de alho

1½ colher (chá) de cominho em pó

1 colher (sopa) de azeite, mais um pouco para fritar

1 colher (chá) de sal, mais a gosto

pimenta-do-reino moída na hora a gosto

10 pães pita integrais pequenos

Para incrementar

Creme de queijo feta, ou coalhada, ou o Creme de queijo feta vegano (p. 87)

Harissa caseira (p. 94) ou industrializada

cebola roxa em rodelas

hortelã ou salsa

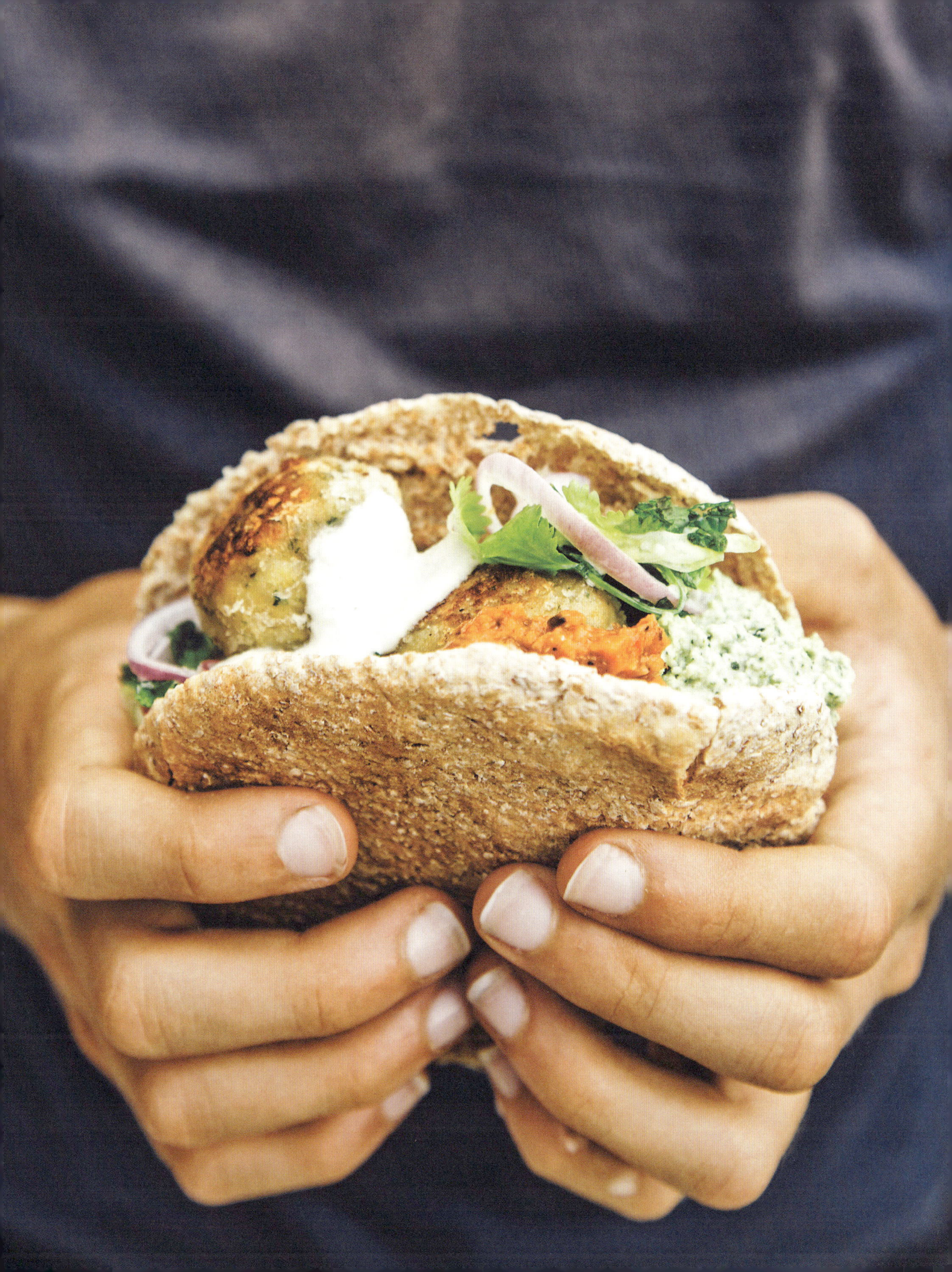

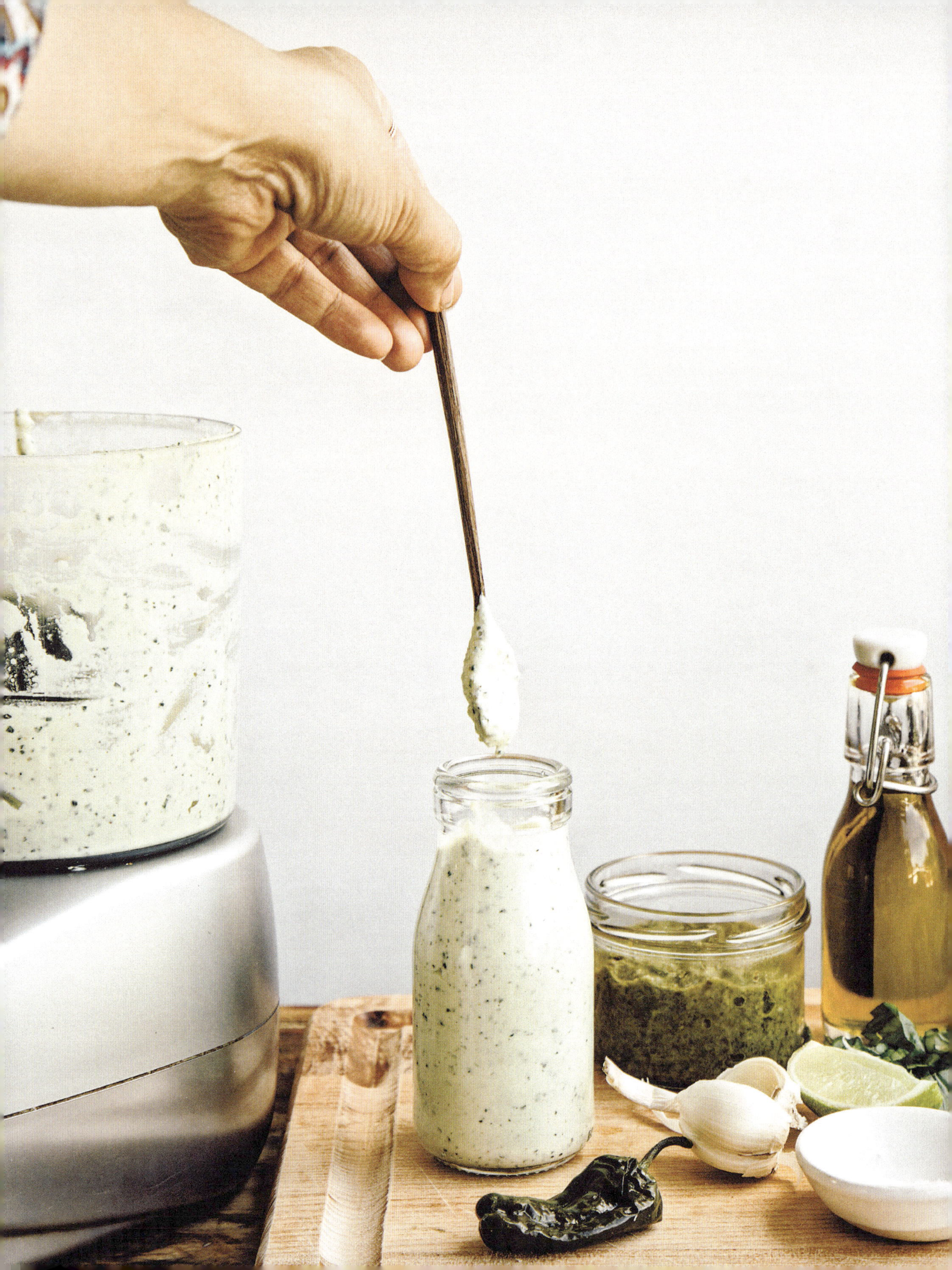

ORIENTE MÉDIO E NORTE DA ÁFRICA

MOLHO VERDE DE TAHINE

TAHINE | SUCO DE LIMÃO-SICILIANO | SALSA | ALHO

Esse talvez seja meu molho frio preferido – combina o adocicado e o amargo com a pungência do alho e o tahine amendoado dos mouros. Vai bem com qualquer hambúrguer deste capítulo ou para acompanhar saladas, vegetais assados e pratos quentes que precisem de um toque extra. Você pode duplicar a receita para aproveitá-la durante toda a semana. Junte 1 colher (chá) de chlorella em pó para deixar ainda mais saudável.

30 g de tahine
suco de 1 limão-siciliano (para deixar mais ácido, use limão-taiti)
um punhado generoso de salsa ou outra erva como hortelã ou manjericão
2 dentes de alho amassados
sal a gosto
30 ml de água
1 colher (chá) de chlorella (opcional)
½ colher (chá) de mel

Bata todos os ingredientes no liquidificador ou processador até o molho ficar homogêneo. Transfira para um recipiente de fecho hermético e mantenha na geladeira por até 1 semana.

Rende cerca de 120 ml.

CREME DE QUEIJO FETA

QUEIJO FETA | COALHADA FRESCA

Salgado e com uma cremosidade ácida, é perfeito para acompanhar hambúrgueres ou qualquer receita que precise de um molho frio e intenso. Para uma alternativa vegana, use levedura nutricional.

Para o Creme de queijo feta
50 g de queijo feta
75 g de coalhada fresca
sal e pimenta-do-reino moída na hora a gosto

Para o Creme de queijo feta vegano (opção 2, diferente da apresentada na p. 60)
75 g de Creme cítrico de castanha-de--caju (p. 142)
2 colheres (sopa) de levedura nutricional
2 colheres (sopa) de azeite extravirgem
suco de ½ limão-siciliano
sal e pimenta-do-reino moída na hora a gosto

Para qualquer uma das duas versões, bata todos os ingredientes no liquidificador. Transfira para um recipiente de fecho hermético e mantenha na geladeira por até 2 dias.

Rende cerca de 125 g de Creme de queijo feta e cerca de 100 g da versão vegana

ZHUG DE LIMÃO

COENTRO | SUCO DE LIMÃO | ALHO

O zhug é um molho picante de coentro originário do Iêmen. Trata-se, basicamente, da versão do Oriente Médio para a salsa verde, feita com ervas frescas e a acidez do limão.

50 g de coentro
50 g de salsa
1 pimentão verde sem sementes e sem a parte branca interna
2 dentes de alho amassados
3 colheres (sopa) de azeite extravirgem
suco de 1 limão-taiti
sal e pimenta-do-reino moída na hora a gosto

Bata todos os ingredientes no processador até o molho ficar homogêneo. Transfira para um recipiente de fecho hermético e mantenha na geladeira por até 1 semana.

Rende 150 g.

HAMBÚRGUER HABIBI

BRÓCOLIS | FEIJÃO-BRANCO | CEBOLINHA | TOUM DE CASTANHA-DE-CAJU

Brócolis e feijão-branco rendem um hambúrguer suculento e nutritivo, enquanto o picante Zhug de limão e o Toum de castanha-de-caju são complementos intensos e estimulantes.

1. Para os hambúrgueres, preaqueça o forno a 220°C. Em uma tigela grande, misture todos os ingredientes, exceto o pão e o Toum de castanha-de-caju. Prove e, se necessário, acerte o sal e a pimenta-do-reino. Transfira para o processador e bata por alguns segundos, até obter uma textura grosseira. Cubra e leve à geladeira por 15 minutos, ou até 24 horas.

2. Tempere levemente com mais sal e pimenta-do-reino. Divida a massa em quatro porções iguais e modele os discos. Coloque em uma assadeira baixa e leve ao forno por 20 minutos.

3. Monte os sanduíches com as sugestões para incrementar e o Toum de castanha-de-caju.

Rende 4 unidades.

Para os hambúrgueres

200 g de brócolis cozidos no vapor e picados
5 cebolinhas picadas
25 g de hortelã picada
25 g de salsa picada
320 g de feijão-branco cozido, escorrido e amassado com um garfo
2 colheres (sopa) de levedura nutricional ou parmesão ralado na hora
2 dentes de alho amassados
1 colher (sopa) de tahine
1 colher (sopa) de azeite
¾ de colher (chá) de sal
1 colher (chá) de harissa verde, vermelha (p. 94) ou outro molho de pimenta
sal e pimenta-do-reino moída na hora a gosto

4 pães de hambúrguer cortados ao meio e tostados levemente
4 colheres (sopa)/60 ml de Toum de castanha-de-caju (p. 92)

Para incrementar

Zhug de limão (p. 87)
2 cenouras cortadas à juliana

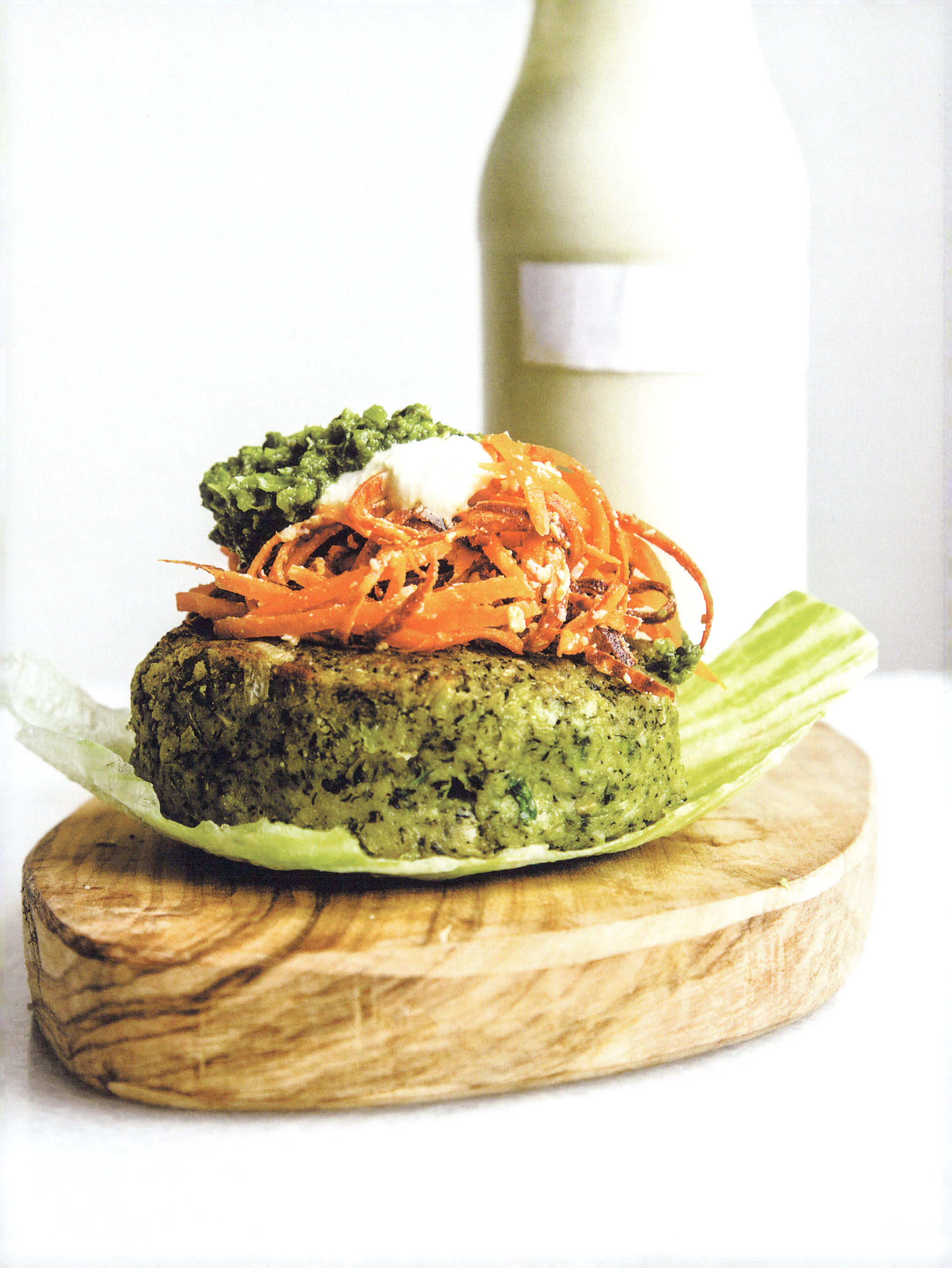

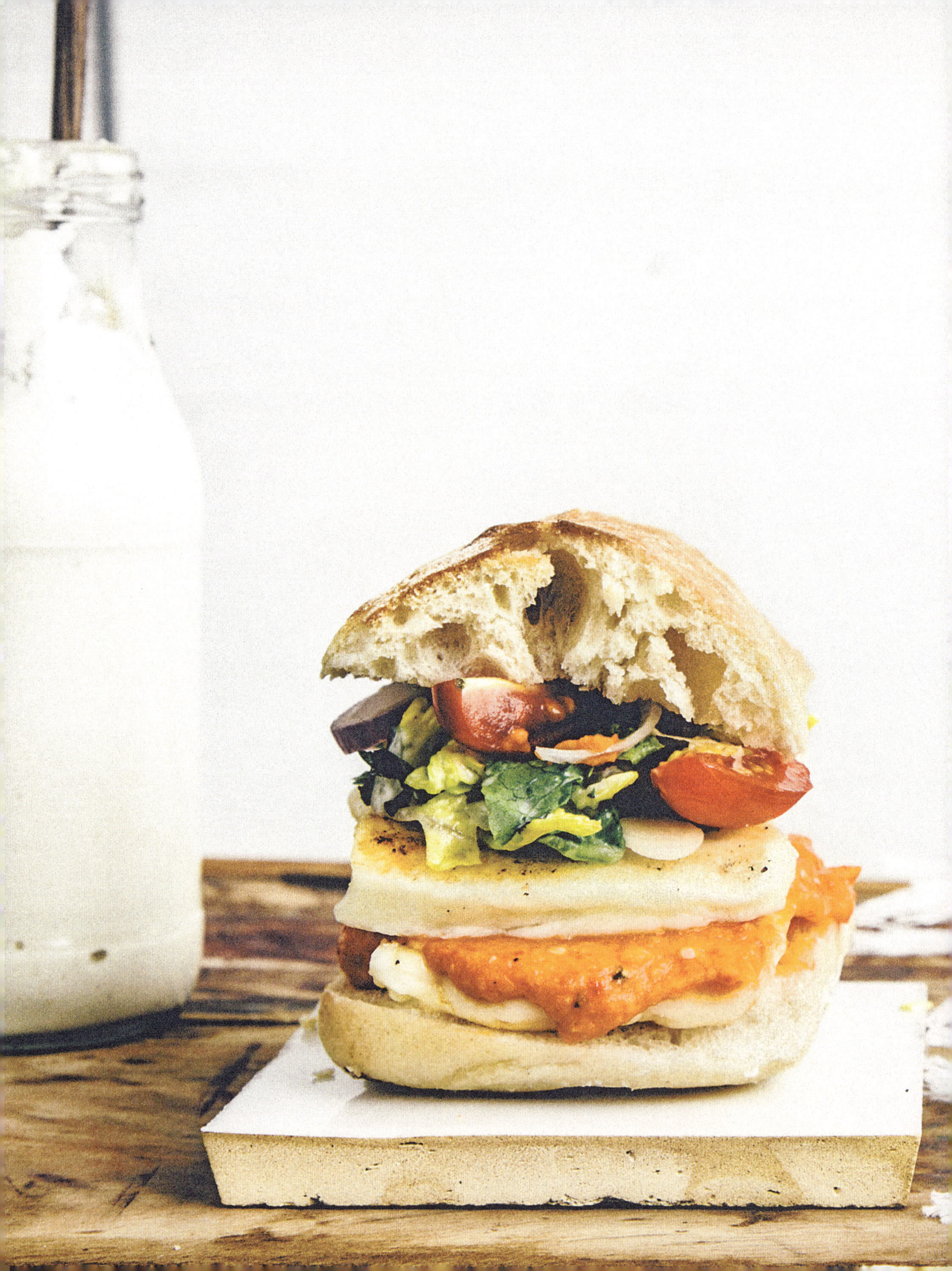

ORIENTE MÉDIO E NORTE DA ÁFRICA

SANDUÍCHE DE HALLOUMI GRELHADO

HALLOUMI | HOMUS DE PIMENTÃO | SALADA DE HORTELÃ E CEBOLA

O queijo salgado, a salada refrescante e o homus cremoso trazem a essência dos sabores cipriotas nesse hambúrguer de paladar equilibrado. Originário do Chipre e feito com leite de cabra e ovelha, o delicioso halloumi mantém o formato mesmo em altas temperaturas – por isso, é perfeito para grelhar e fritar. A região europeia onde ficam Grécia e Chipre, próxima à Turquia, exibe uma mistura de sabores mediterrâneos e do Oriente Médio. Junte o melhor dos dois mundos nessa receita incrível. Para deixar o prato vegano, substitua o halloumi por tofu firme.

1. Para o Molho picante de coentro, bata todos os ingredientes no liquidificador ou no processador até ficar homogêneo.
2. Para a salada, misture os ingredientes em uma tigela grande; reserve.
3. Grelhe as fatias de halloumi em uma frigideira canelada, em fogo médio-alto, por 1-2 minutos de cada lado, até dourar.
4. Monte os sanduíches: espalhe o molho nos pães, faça uma camada de salada e, por cima, disponha o queijo, o tomate e o Homus de pimentão.

Rende 4 unidades.

* Procure sempre se certificar com o fabricante se o coalho utilizado nos queijos produzidos com leite de vaca é de origem animal ou microbiano.

Para o Molho picante de coentro
200 ml de creme de castanha-de-caju, tofu macio batido ou coalhada seca
15 g de coentro
1 pimenta-malagueta verde sem sementes e picada
1 colher (sopa) de suco de limão-siciliano
½ colher (chá) de cominho em pó
¼ de colher (chá) de sal

Para a Salada de hortelã e cebola
300 g de repolho verde ou folhas verdes firmes em tiras finas
1 cebola roxa em fatias finas
30 g de hortelã picada
¼ xícara (chá) de Maionese ou Maionese vegana (p. 152)
suco de ½ limão-siciliano
azeite extravirgem
sal e pimenta-do-reino moída na hora a gosto

Para os sanduíches
250 g de halloumi [ou outro queijo de cabra firme, ou queijo de coalho*] cortado em quatro fatias
4 pães de hambúrguer cortados ao meio e tostados levemente

Para incrementar
Homus de pimentão (p. 92)
cunhas de tomate

HOMUS DE PIMENTÃO

PIMENTÃO VERMELHO EM CONSERVA | GRÃO-DE-BICO | TAHINE | LIMÃO-SICILIANO

Combinação perfeita de grão-de-bico, limão-siciliano e tahine, o homus tornou-se uma das pastas mais conhecidas do mundo. Essa versão ganha pimentão vermelho, o que lhe confere um sabor intenso. É fácil de adaptar: para a receita clássica, exclua o pimentão ou substitua por coentro e limão.

400 g de grão-de-bico cozido e escorrido
220 g de pimentão vermelho em conserva ou 2 colheres (sopa) de Harissa caseira (p. 94)
3 dentes de alho amassados
50 ml de suco de limão-siciliano, mais a gosto
3 colheres (sopa) de tahine
¾ de colher (chá) de sal, mais a gosto
água, para diluir

Coloque todos os ingredientes, menos a água, no liquidificador ou no processador; bata até ficar homogêneo. Acrescente o líquido aos poucos, para diluir o homus até a consistência desejada. Prove e, se necessário, acerte os temperos com mais sal ou suco de limão.

Rende cerca de 454 g.

MUHAMMARA

PIMENTA ALEPPO E PIMENTÃO VERMELHO | SEMENTE DE ROMÃ | NOZES

Infelizmente é fácil esquecer, entre os relatos de guerra, que a Síria é um lugar de prazeres gastronômicos e berço de uma pasta verdadeiramente deliciosa: a muhammara.

120 g de nozes tostadas e picadas
220 g de pimentão vermelho em conserva
3 colheres (sopa) de pão amanhecido tostado e esmigalhado, mais um pouco se necessário
50 ml de azeite extravirgem, mais um pouco se necessário
1 colher (sopa) de suco de limão-siciliano
1 colher (sopa) de semente de romã
1 colher (chá) de cominho em pó
1 colher (chá) de sal, mais a gosto
1 colher (chá) de pimenta aleppo* em flocos
1 dente de alho amassado

Coloque todos os ingredientes no liquidificador ou processador e bata até obter uma pasta homogênea. Para uma textura densa, junte mais pão amanhecido esmigalhado; para mais fluida, acrescente azeite. Prove e acerte o sal. Mantenha na geladeira em recipiente de fecho hermético por 3-4 dias.

Rende 400 g.

* A pimenta aleppo pode ser substituída pela seguinte mistura: meia porção de pimenta-de-caiena em pó e meia porção de páprica doce em pó.

TOUM DE CASTANHA-DE-CAJU

ALHO | LIMÃO-SICILIANO | CASTANHA-DE-CAJU

Essa é a versão do Oriente Médio para o aïoli. Minha receita substitui um pouco do azeite por castanha-de-caju – e fica deliciosa.

1 cabeça de alho descascada
1½ colher (chá) de sal, mais um pouco se necessário
suco de 1 limão-siciliano, mais um pouco se necessário
100 ml de azeite extravirgem
100 g de castanha-de-caju demolhada por 1-3 horas e escorrida

1. Coloque o alho, o sal, o suco de limão e o azeite no liquidificador ou processador. Bata até obter um purê.

2. Junte a castanha-de-caju e bata até ficar homogêneo.

3. Se estiver muito seco, acrescente um pouco de água. Prove e, se necessário, acerte o tempero com mais sal e suco de limão. Mantenha na geladeira em um recipiente de fecho hermético por 3-4 dias.

Rende 150-200 g.

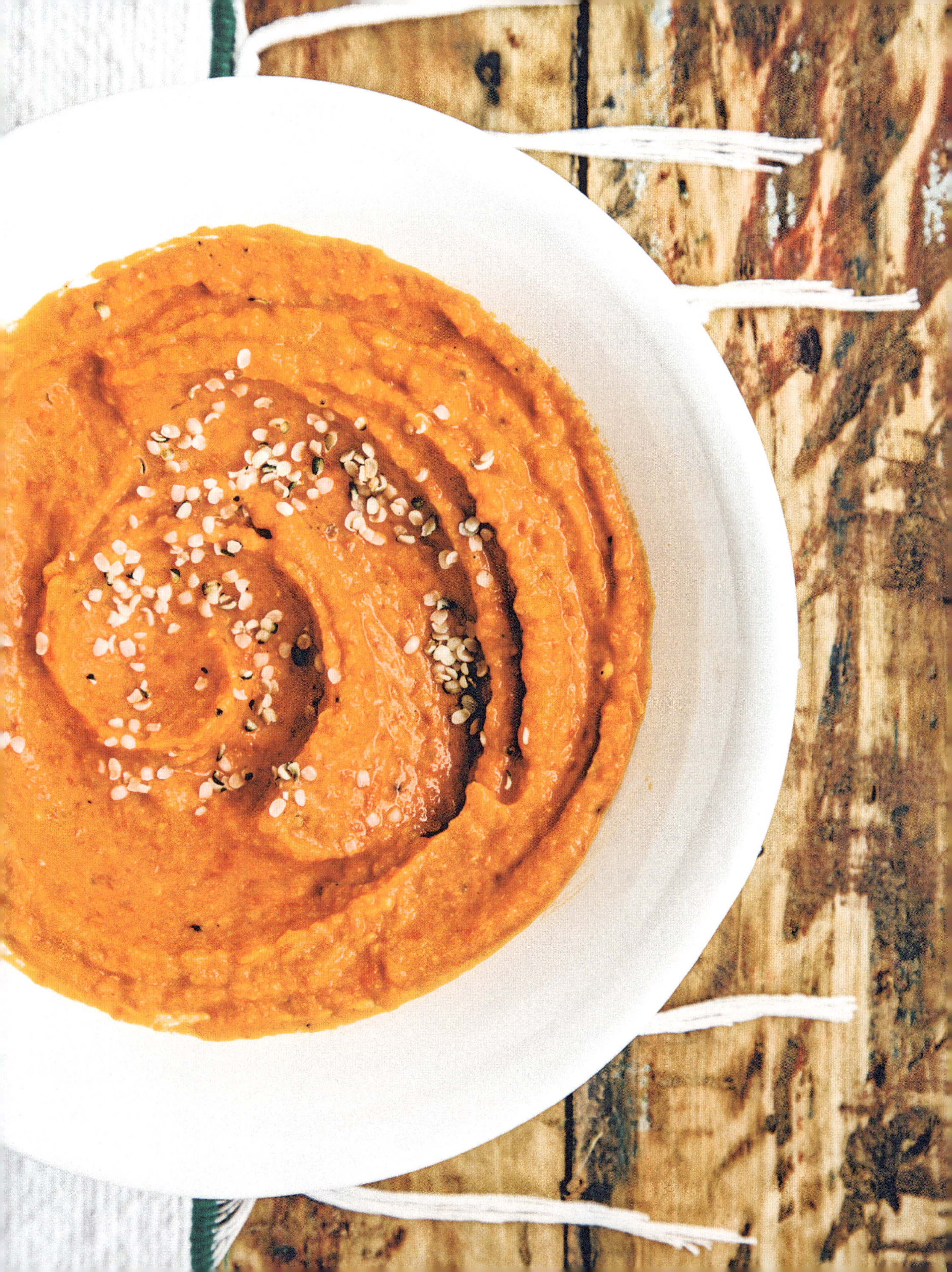

HARISSA CASEIRA

ALHO | PIMENTA ALEPPO | COMINHO | PIMENTÃO VERMELHO

A harissa tunisiana é um condimento apimentado e popular, usado em todo o Oriente Médio e adotado por apreciadores de culinária étnica do mundo inteiro. Mas nada supera os sabores de uma versão caseira. Se você dedicar um tempo para fritar lentamente as especiarias, a pimenta e a cebola, será recompensado pelo aroma tentador que vai invadir a cozinha. Sirva a harissa com os hambúrgueres deste capítulo ou em qualquer receita na qual usaria molho de pimenta, como homus, sopas, pães e cozidos.

1. Aqueça um fio de azeite ou 1 colher (sopa) de ghee em uma frigideira em fogo médio-alto. Junte a cebola, o alho e a pimenta. Refogue por 10 minutos, sem parar de mexer; se começar a queimar, diminua o fogo.

2. Em uma frigideira pequena e seca, em fogo médio-alto, coloque as sementes de cominho, coentro e kümmel. Toste por 3-4 minutos, até ficar perfumado. Moa com um pilão ou em um moedor de especiarias até obter um pó fino. Transfira para o liquidificador ou processador.

3. Acrescente o refogado de cebola, alho e pimenta, 50 ml de azeite, o purê de tomate, o suco de limão, o pimentão e o sal. Bata até ficar homogêneo. Prove e, se necessário, adicione mais sal. Transfira para um recipiente de fecho hermético e mantenha na geladeira por até 2 semanas.

Rende cerca de 250 ml.

50 ml de azeite, mais um pouco (de azeite ou ghee) para refogar
1 cebola roxa em fatias finas
5 dentes de alho amassados
4-5 pimentas aleppo ou outra pimenta vermelha
2 colheres (chá) de semente de cominho
2 colheres (chá) de semente de coentro
1 colher (chá) de semente de kümmel
1 colher (chá) de purê de tomate
suco de 1 limão-siciliano
220 g de pimentão vermelho em conserva picado
1 colher (chá) de sal, mais a gosto

DICA
Tahine e azeites da melhor qualidade podem ser comprados em lojas especializadas em produtos do Oriente Médio.

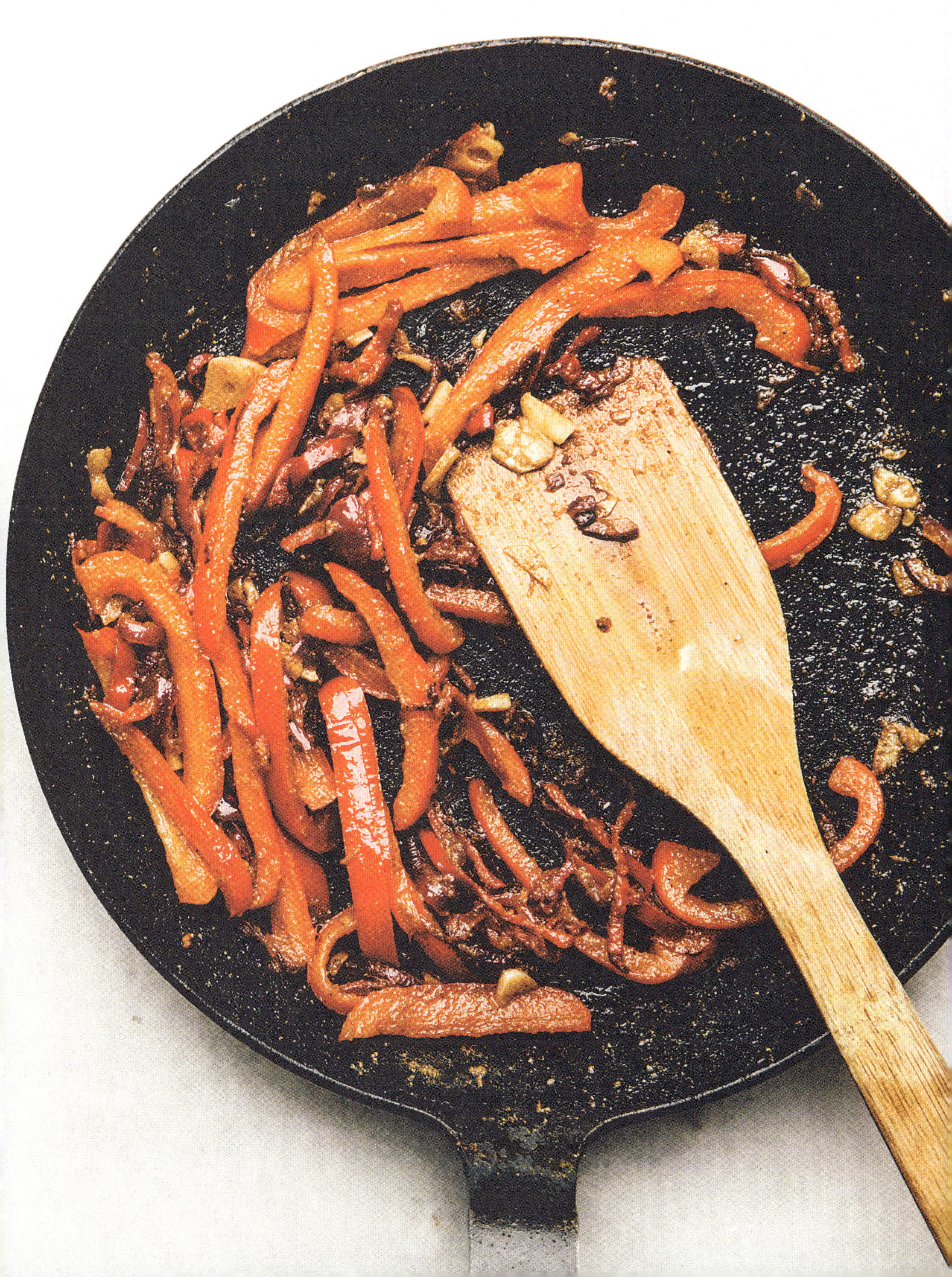

ORIENTE MÉDIO E NORTE DA ÁFRICA

BISCOITO DE TÂMARA COM CREME DE FRAMBOESA

TÂMARA | FRUTAS SECAS | FRAMBOESA

Doces crudívoros entraram na moda – e essa gostosura vegana pode ser consumida por quem tem intolerância a glúten ou lactose. A inspiração vem dos *s'mores* e dos bolos não assados feitos com biscoito Oreo. É incrivelmente fácil de fazer: misture, amasse, corte, refrigere e monte. Varie o sabor do recheio substituindo a framboesa por outras frutas.

1. Para os biscoitos, misture todos os ingredientes no processador e bata até obter uma massa grudenta.

2. Transfira para a superfície de trabalho e coloque entre duas folhas de papel-manteiga. Pressione até obter uma espessura de cerca de 0,6 cm. Com um cortador redondo (3,5 cm de diâmetro), faça oito biscoitos. Leve à geladeira por 2 horas.

3. Para o Creme de framboesa, bata todos os ingredientes no liquidificador ou processador até ficar homogêneo. Cubra e leve à geladeira até a hora de servir – ou congele por 30 minutos, para uma versão parecida com sorvete.

4. Retire os biscoitos da geladeira e espalhe um pouco de recheio por cima de um deles. Feche com outro biscoito e pressione, para segurar o creme. Repita com os ingredientes restantes e sirva imediatamente.

Rende 4 unidades.

Para os biscoitos de tâmara

150 g de tâmara demolhada por 1 hora e escorrida

100 g de mix de frutas secas (pistache, amêndoa, nozes e castanha-de-caju)

2 colheres (sopa) de cacau em pó

2 colheres (sopa) de óleo de coco derretido ou azeite

1 colher (chá) de extrato de baunilha

¼ de colher (chá) de cardamomo em pó

uma pitada de sal

Para o Creme de framboesa

150 g de castanha-de-caju demolhada e escorrida

100 g de framboesa

3 colheres (sopa) de manteiga de coco derretida (opcional)

40 ml de xarope de agave

1 colher (chá) de raspas de laranja

uma pitada de sal

A exuberante cor dos Chips de beterraba (Chips de raízes, p. 138).

ÁSIA

Com uma profusão de sabores e diversos estilos culinários, a Ásia é uma região repleta de inspirações gastronômicas. O arroz é o grão mais popular e é amplamente usado. Outros ingredientes típicos são gengibre, alho, gergelim, soja e pimenta, que formam a base dos curries e pratos feitos na frigideira wok mais tentadores do mundo. A Ásia também é o berço do tofu e do tempeh, ótimos para criar hambúrgueres deliciosos.

No Sudeste Asiático, principalmente na Índia, Malásia e Indonésia, é comum usar coco, coentro, tamarindo e capim-limão em curries reconfortantes. Nas cozinhas tailandesa, chinesa e vietnamita, sobressaem os molhos picantes e pratos vigorosos feitos no wok. Isso sem falar nos sabores refrescantes e revigorantes do Japão – que tal um toque de wasabi? A comida oriental nunca é sem graça.

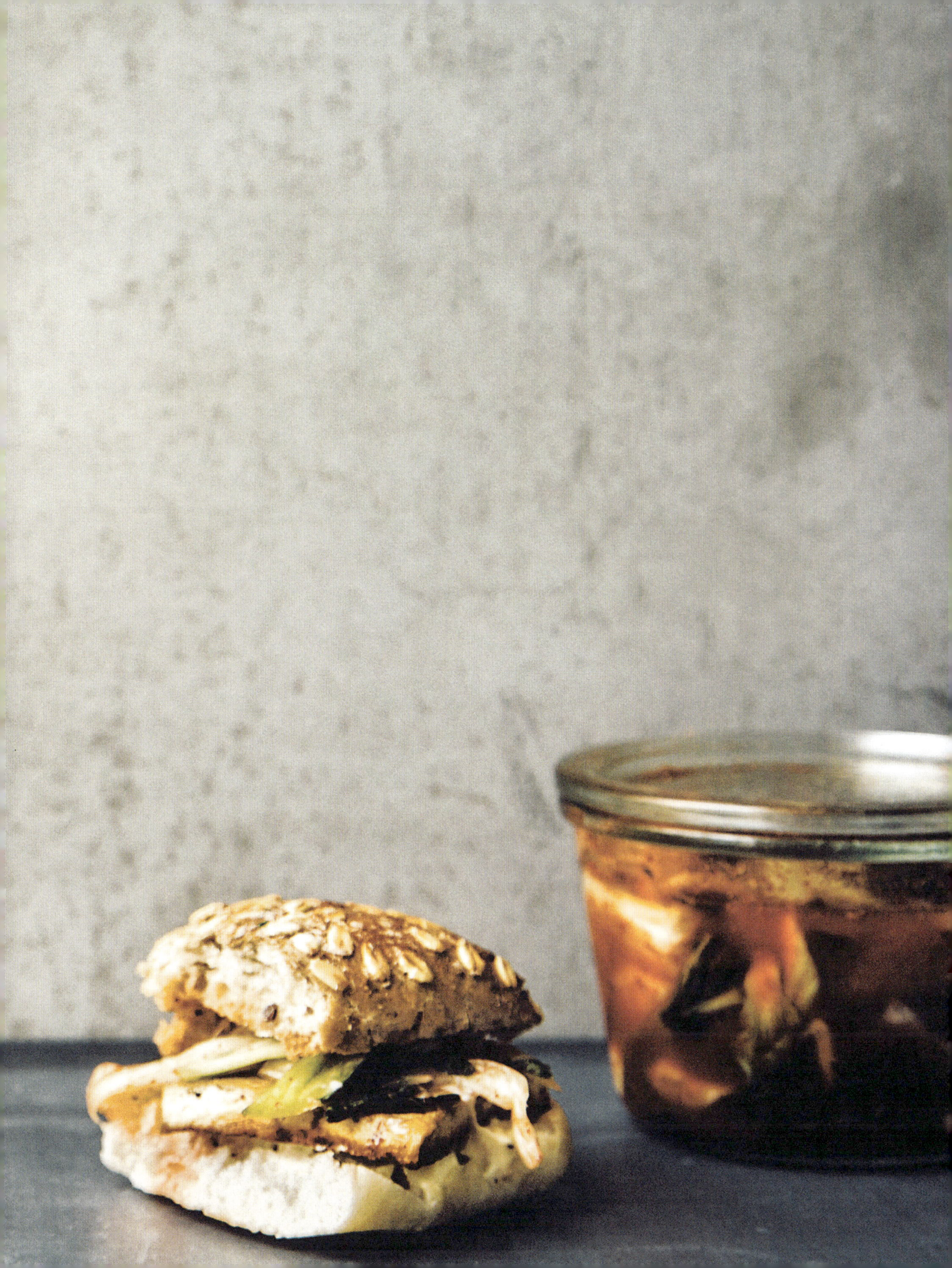

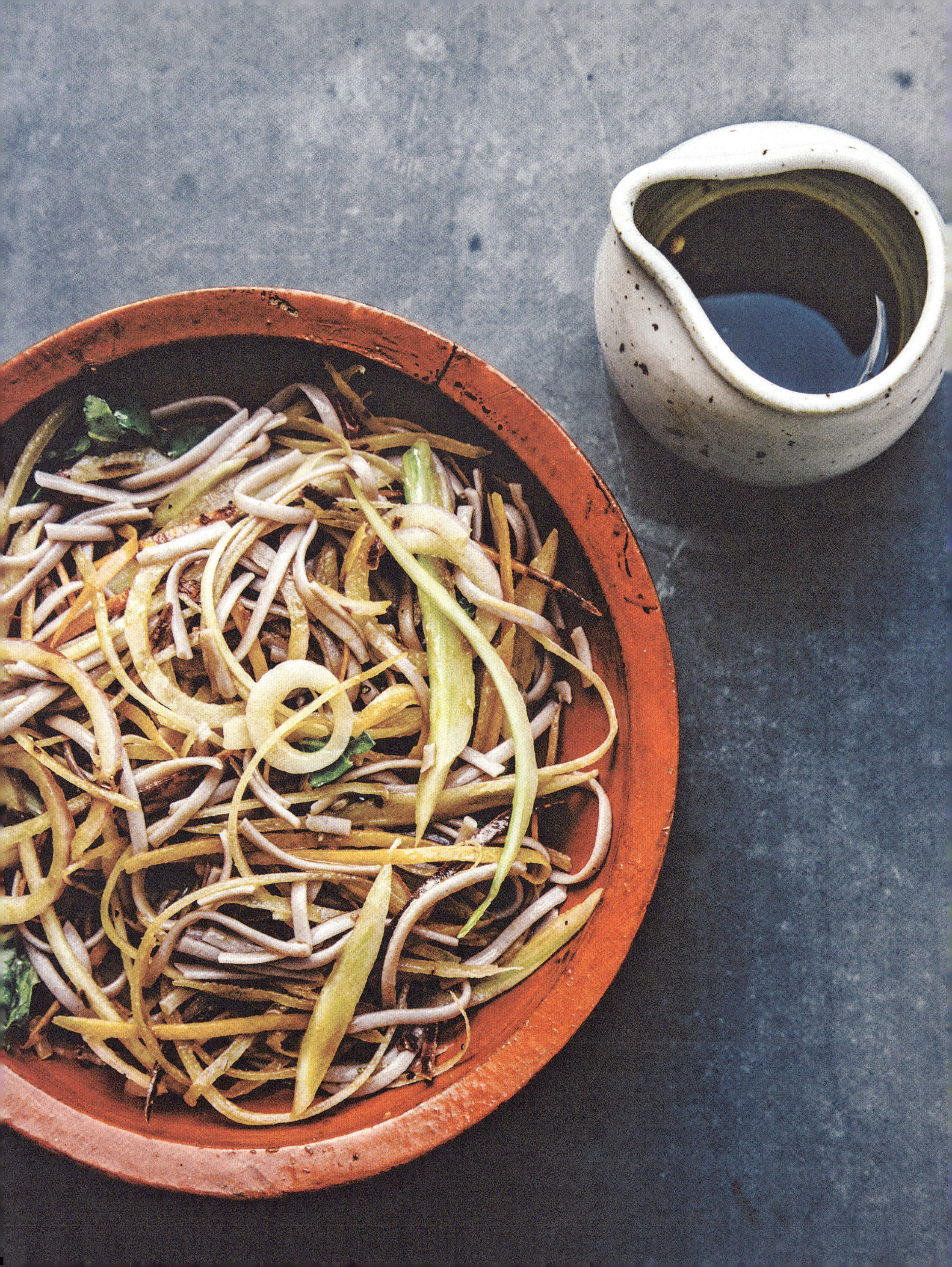

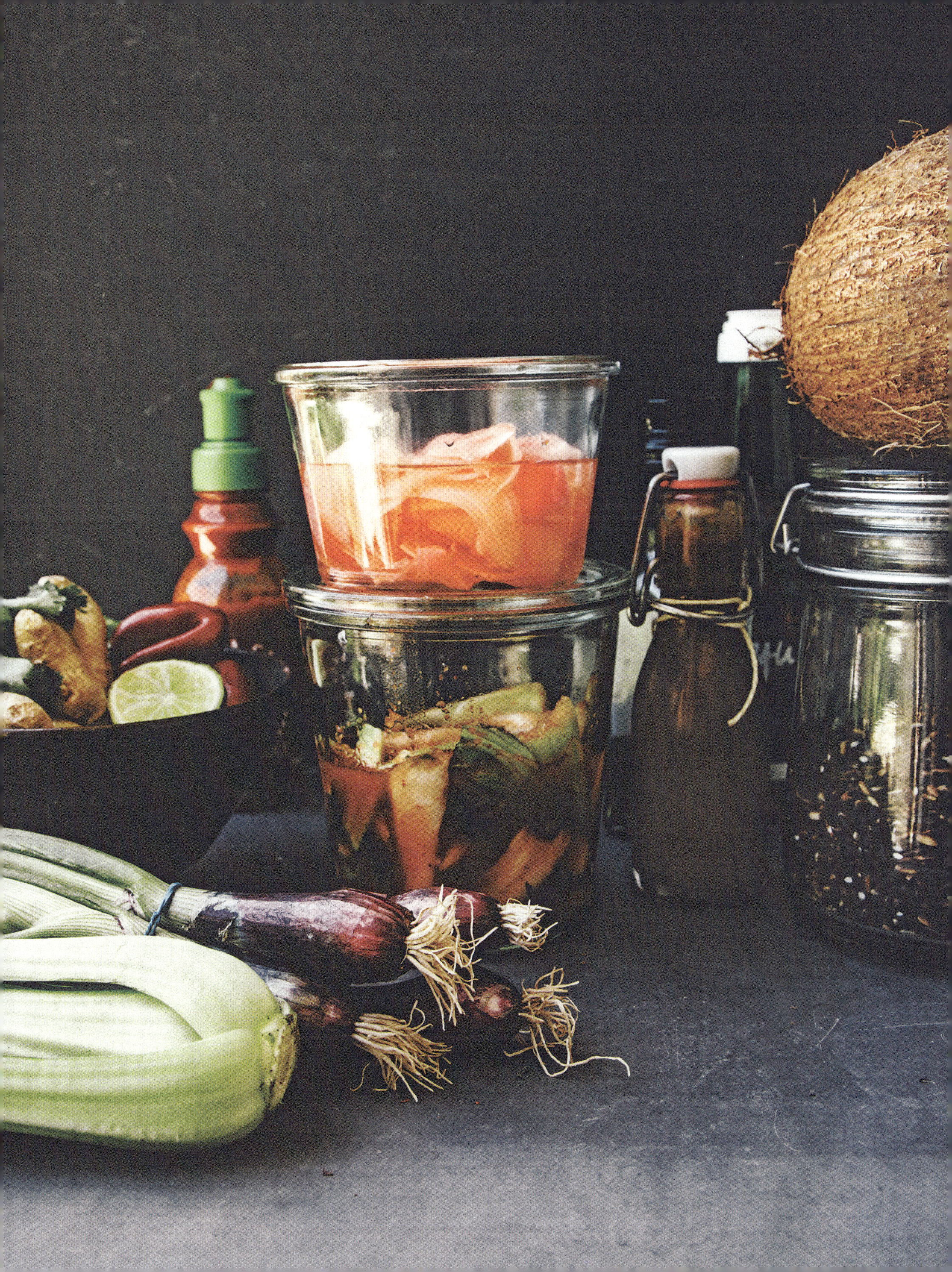

SANDUÍCHE DE BERINJELA COM BARBECUE ORIENTAL

BERINJELA | MOLHO BARBECUE ORIENTAL | COGUMELO PORTOBELLO

A berinjela grelhada é uma base excelente para condimentos picantes, e aqui ela recebe um incrível Molho barbecue oriental. Para deixá-la ainda mais apetitosa, sirva com Slaw arco-íris de sobá – ou, se estiver com pressa, com cenoura e pepino ralados e temperados com um pouco de vinagre de arroz. Usei cogumelo portobello no lugar do pão, já que vai bem com a berinjela, mas você pode optar por brioche ou outro que preferir.

1. Aqueça um fio de óleo em uma frigideira canelada em fogo médio-alto. Tempere as fatias de berinjela com sal e grelhe por 7-8 minutos de cada lado. Transfira para um prato.

2. Para o molho: aqueça um fio de óleo em uma panela em fogo médio-alto e refogue a cebola com o anis-estrelado por 8-10 minutos, até começar a caramelizar. Junte os ingredientes restantes, diminua o fogo e cozinhe por 7-8 minutos. Descarte o anis-estrelado.

3. Acrescente as berinjelas ao molho e cozinhe em fogo baixo por 2-3 minutos. Desligue.

4. Aqueça um fio de óleo em uma frigideira com tampa em fogo médio-alto. Trabalhando em porções, refogue o cogumelo por 1 minuto de cada lado; em seguida, tampe e cozinhe o portobello no próprio vapor por 3 minutos. Destampe, espere esfriar e absorva o excesso de umidade com papel-toalha.

5. Distribua as fatias de berinjela e o avocado entre os cogumelos e complete com maionese e salada. Sirva imediatamente.

Rende 4 unidades e cerca de 200 ml de molho.

Para os sanduíches
óleo, para fritar
2 berinjelas japonesas pequenas ou 1 comum de tamanho médio cortada em 12 rodelas de 1 cm de espessura
sal a gosto

8 cogumelos portobello

Para o Molho barbecue oriental
óleo, para fritar
1 cebola roxa grande em fatias finas
1 anis-estrelado
500 ml de caldo de legumes
100 ml de Molho hoisin (p. 104)
50 ml de molho de soja ou tamari
3 colheres (sopa) de mel ou xarope de agave
3 colheres (sopa) de Ketchup caseiro (p. 47)
40 ml de água
2 dentes de alho amassados
1 colher (sopa) de molho de pimenta sriracha
1 colher (sopa) de vinagre de arroz
1 colher (sopa) de gengibre ralado

Para incrementar
Slaw arco-íris de sobá (p. 104)
Maionese ou Maionese vegana (p. 152)
avocado fatiado

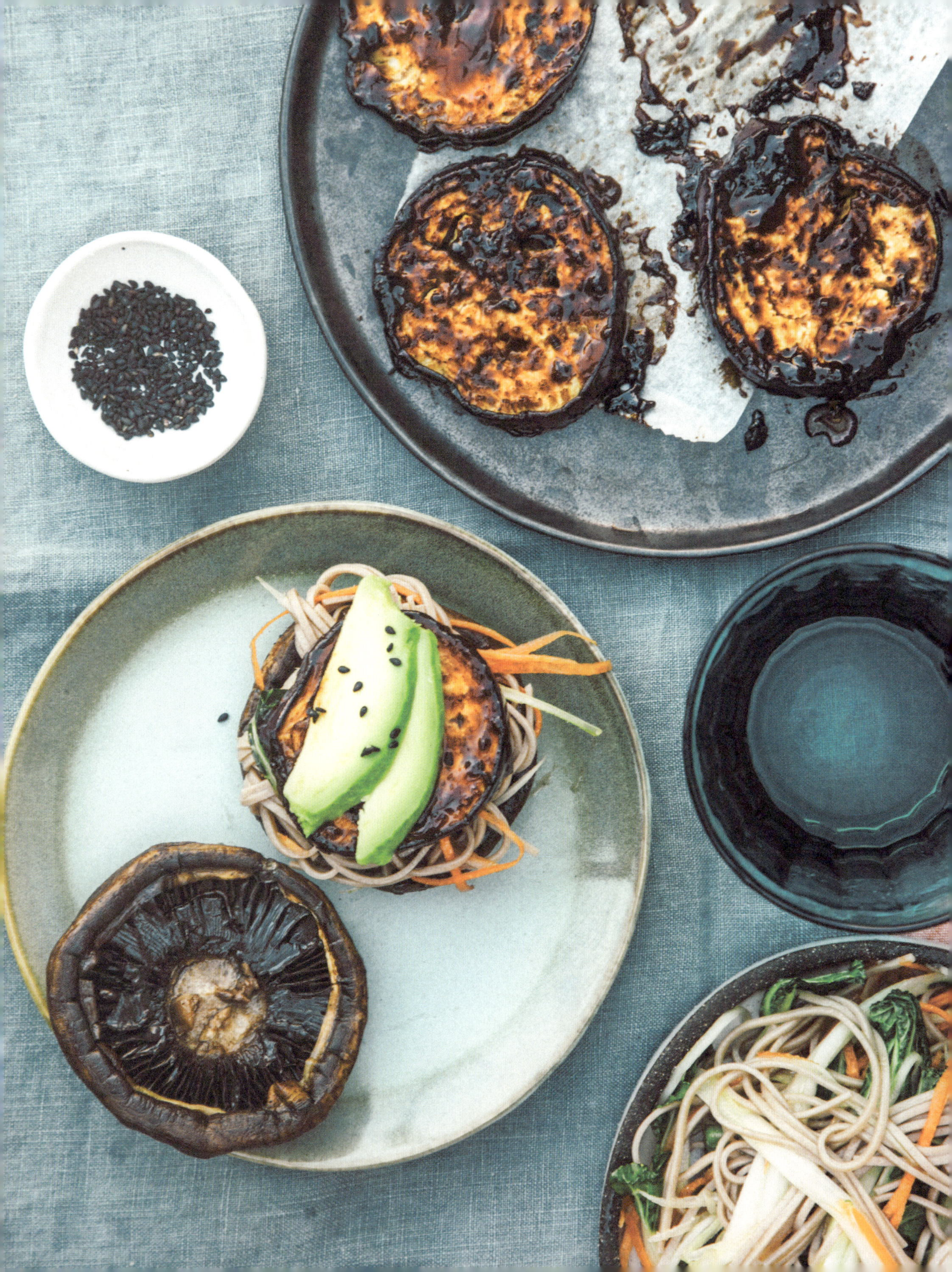

SLAW ARCO-ÍRIS DE SOBÁ

COUVE-CHINESA | CENOURA | ERVA-DOCE | SOBÁ

Essa salada slaw colorida é um pouco incomum: combina tiras de erva-doce com macarrão sobá sem glúten, cenoura e couve-chinesa, tudo envolto por um molho ácido de vinagre de umeboshi (que é feito com o líquido da conserva de ameixa japonesa). Se não encontrar a verdura, use acelga, espinafre ou vegetais verdes folhosos.

Para o molho
2 colheres (sopa) de óleo de gergelim torrado
3 colheres (sopa) do líquido da conserva de umeboshi ou vinagre de vinho tinto
1 colher (sopa) de molho de soja ou tamari
½ colher (chá) de mel ou xarope de agave
2 colheres (sopa) de Maionese ou Maionese vegana (p. 152)
gergelim, para finalizar

Para a slaw
1 cebola roxa pequena em fatias finas
1 cenoura cortada à juliana ou ralada
1 bulbo de erva-doce em tiras finas
1 couve-chinesa picada
70 g de sobá ou harusame cozido, escorrido e gelado (opcional)

1. Para o molho: misture todos os ingredientes em uma tigela pequena e finalize com um pouco gergelim. Reserve.

2. Para a slaw, coloque todos os ingredientes em uma vasilha grande. Tempere com o molho e misture. Cubra e leve à geladeira até a hora de servir.

Rende 400-500 g, de acordo com o peso dos vegetais.

SLAW VIETNAMITA

PAPAIA | PEPINO | COENTRO

Colorida e saborosa, é perfeita como um acompanhamento refrescante para diversos pratos quentes ou para incrementar o Banh mi (p. 119). E fica pronta num segundo.

suco de 1 limão-taiti
30 ml de molho de soja ou tamari
100 g de papaia verde, ou nabo japonês (daikon), cortado à juliana
100 g de pepino em fatias finas
1¼ xícara (chá) de coentro picado
1½ colher (sopa) de hortelã picada
1 cebola roxa pequena em fatias finas
20 g de gergelim

Em uma tigela grande, bata o suco de limão e o molho de soja. Junte os ingredientes restantes e misture. Está pronto para servir.

Rende 300 g.

MOLHO HOISIN

MOLHO DE SOJA | GERGELIM | VINAGRE DE ARROZ | AÇÚCAR DE COCO

Um dos molhos mais conhecidos do mundo, o chinês hoisin é fácil de reproduzir em casa. Acrescentar um toque doce ao gergelim amendoado e ao molho de soja salgado deixa a receita com um sabor especial. O hoisin fica excelente com sriracha – e não apenas como molho para hambúrgueres vegetarianos, mas também para refogados e sopas orientais. Talvez você queira fazer um pouco mais para tê-lo sempre à mão.

50 ml de molho de soja ou tamari
3 colheres (sopa) de açúcar de coco ou mascavo
30 ml de óleo de gergelim
30 ml de vinagre de arroz
2 colheres (sopa) de tahine
2 dentes de alho amassados
1 colher (sopa) de molho de pimenta sriracha
uma pitada de pimenta-do-reino moída na hora

Misture os ingredientes em uma panela pequena, em fogo médio-alto. Espere ferver, diminua o fogo e apure por alguns minutos, até engrossar, mexendo com frequência. Deixe esfriar e use imediatamente ou mantenha em um recipiente fechado, na geladeira, por 1-2 semanas.

Rende cerca de 100 ml.

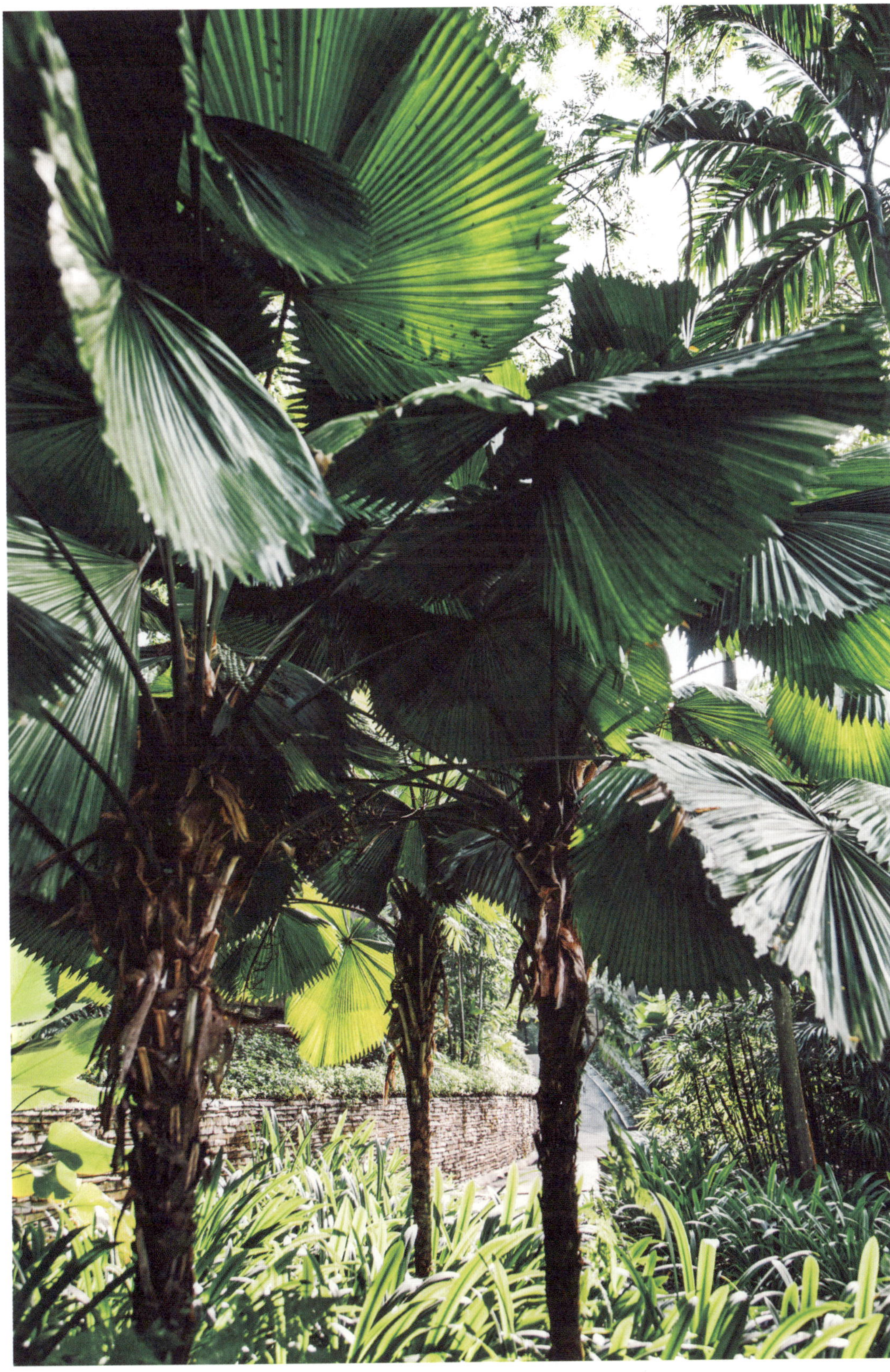

Molho barbecue oriental
(p. 102)

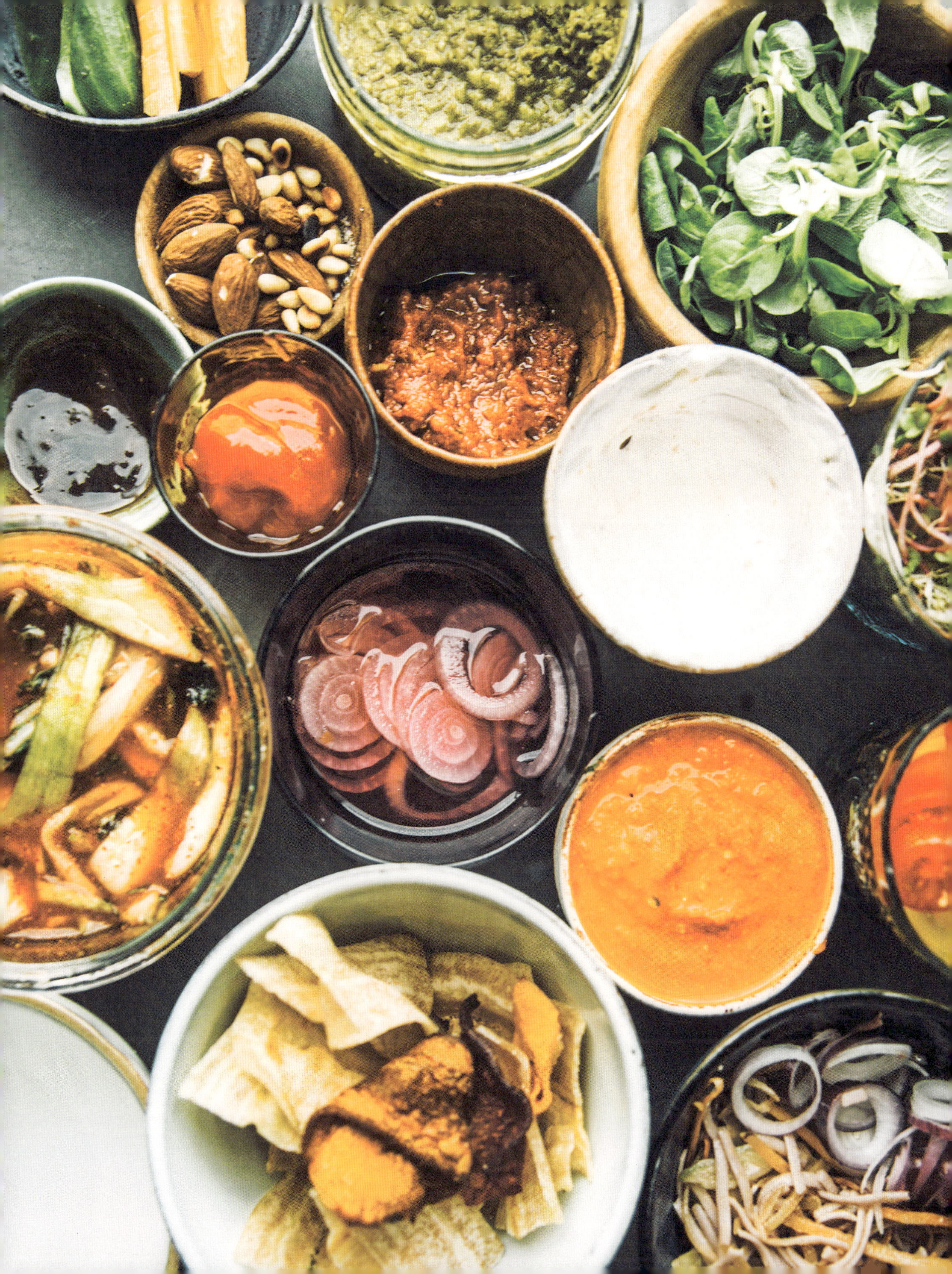

HAMBÚRGUER PROIBIDO

ARROZ PRETO | FEIJÃO-PRETO | SHIITAKE | BRÓCOLIS PICANTES | MOLHO HOISIN

A inspiração para esse prato vem do Oriente e combina arroz preto, feijão--preto, shiitake e Molho hoisin – que você pode fazer em casa (p. 104) ou comprar em lojas de produtos asiáticos. Supernutritivo, o arroz preto também é chamado de "proibido" porque, em tempos antigos, só podia ser consumido pelo imperador da China.

1. Aqueça uma panela em fogo alto e toste os brócolis rapidamente, sem gordura, por 1 minuto. Tempere com a pimenta e um pouco de sal, regue com um fio de óleo de gergelim, retire da panela e mantenha coberto até a hora de servir.

2. Para os hambúrgueres, aqueça um fio de óleo em uma frigideira em fogo médio-alto. Refogue o shiitake por 8-10 minutos, até dourar e ficar perfumado. Tempere com um pouco de sal e pimenta-do-reino, retire do fogo e transfira para uma tigela grande.

3. Misture aos ingredientes restantes, prove e, se necessário, tempere com mais sal e pimenta-do-reino. Cubra e leve à geladeira por 30 minutos, ou até 24 horas.

4. Divida a massa em quatro porções iguais e modele os discos. Aqueça uma frigideira em fogo médio-alto e regue com um fio de óleo. Frite os hambúrgueres por 2-4 minutos de cada lado. Sirva imediatamente com uma quantidade generosa de Molho hoisin, brócolis, brotos de feijão e maionese.

Rende 4 unidades.

Para os Brócolis picantes
200 g de brócolis em floretes cozidos no vapor
½-1 colher (chá) de pimenta-calabresa
sal
óleo de gergelim torrado

Para os hambúrgueres
óleo, para fritar
100 g de cogumelo shiitake
200 g de arroz preto cozido
400 g de feijão-preto cozido, escorrido e amassado com um garfo
2 dentes de alho amassados
2 cebolinhas em fatias finas
½ colher (chá) de suco de limão--siciliano
¾ de colher (chá) de sal, mais um pouco para temperar o shiitake
¼ de colher (chá) de pimenta-do-reino moída na hora, mais um pouco para temperar o shiitake
52 g de Molho hoisin (p. 104)
1 colher (sopa) de levedura nutricional
75 g de farinha panko ou farinha de rosca
1 colher (sopa) de azeite

4 pães de hambúrguer (veja à esquerda como fazer pão preto)

Para incrementar
Molho hoisin (p. 104)
brotos de feijão
Maionese ou Maionese vegana (p. 152)

DICA
Crie um efeito surpreendente ao servir os hambúrgueres em um pão preto muito fácil de fazer: basta juntar 1 colher (sopa) de carvão ativado em pó à farinha. O carvão tem um gosto sutil, quase imperceptível. Você encontra receitas para pães de hambúrguer nas pp. 51 e 67.

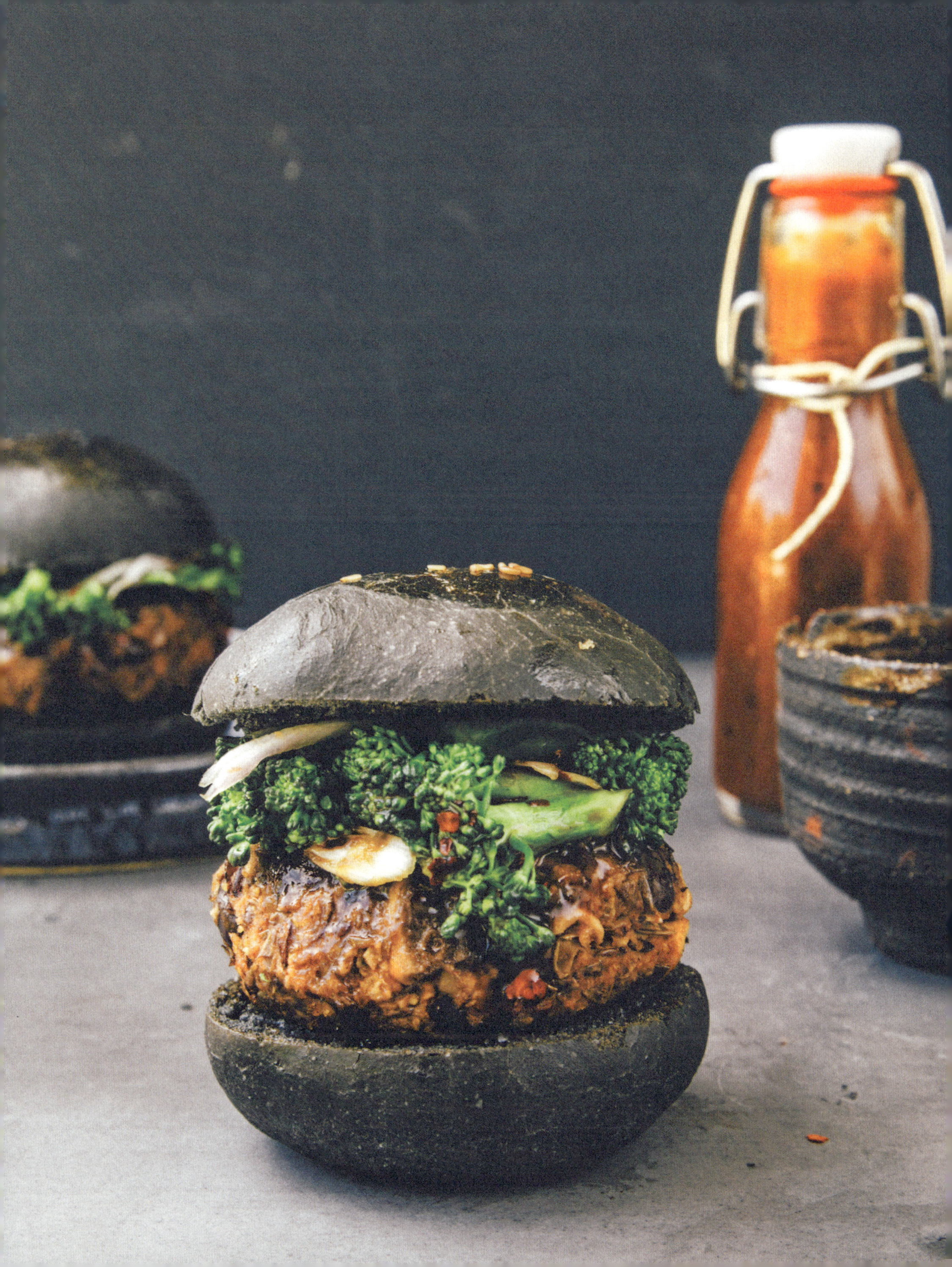

KIMCHI

REPOLHO | ALHO | GOCHUGARU | GENGIBRE

Kimchi são picles coreanos. No cardápio de restaurantes ocidentais, o termo geralmente se refere a uma saborosa receita de acelga em conserva, salgada e picante – na verdade, porém, pode ser feita com diversos vegetais.

Tradicionalmente, o kimchi descansa por alguns dias para fermentar e adquirir uma cultura de bactérias benéficas e um gosto ácido. Em geral, leva gochugaru, a pimenta vermelha em pó ou em pasta coreana, mas você pode usar outros tipos com resultados também deliciosos. Mantenha em potes de vidro esterilizados e com fecho hermético e use em 2-3 semanas (embora possa durar vários meses). É um acompanhamento vigoroso não só para hambúrgueres, mas para pratos feitos no wok, ovo frito, sanduíches, cozidos e saladas.

Você precisará de um ou mais vidros grandes com tampa e esterilizados. Em uma tigela grande, misture todos os ingredientes. Encha os vidros e deixe apenas um pouco de espaço em cima, perto da tampa. É possível consumir o kimchi imediatamente ou fechar os vidros de forma hermética e deixá-lo fermentar por 2-3 dias em temperatura ambiente. Uma vez ao dia, abra a tampa para diminuir a pressão. Quando o sabor estiver do seu gosto, sirva e mantenha o restante da conserva na geladeira.

Rende cerca de 1 kg.

cerca de 1 kg de um mix de repolho e outros vegetais picados
cerca de 75 g de sal marinho
4 dentes de alho amassados
2-4 colheres (sopa) de gochugaru, sriracha ou outro molho de pimenta
2 colheres (sopa) de molho de soja ou tamari
1½ colher (sopa) de gengibre ralado

Bem picante!

VARIAÇÕES
Altere o sabor do kimchi juntando um ou mais destes ingredientes: algas marinhas, frutas secas e sementes, cebolinha ou frutas, como manga ou frutas vermelhas.

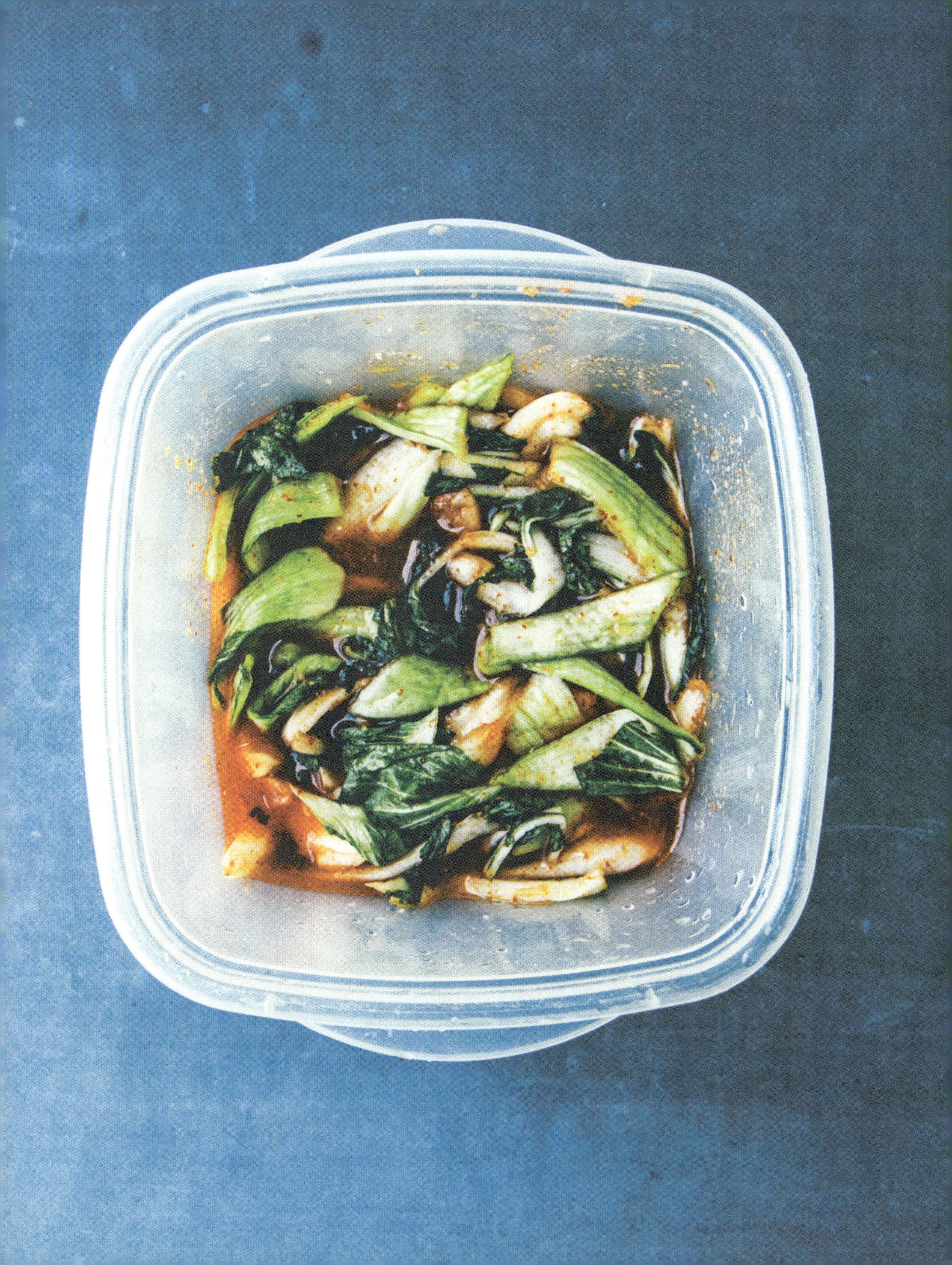

KIMCHI MEE

KIMCHI | PESTO DE COENTRO | TOFU COM PIMENTA-DO-REINO

Esse sanduíche de inspiração coreana é uma variação do Banh mi (p. 119), de origem vietnamita. Adoro kimchi no pão – e ele combina perfeitamente com o tofu tostado e adocicado. Acrescentei brotos para deixar o prato mais nutritivo e crocante. Um pouco de maionese e uma colherada generosa de Pesto de coentro complementam a incrível mistura de sabores.

1. Para o tofu: coloque-o em um prato forrado com papel-toalha e cubra com outro prato. Pressione com delicadeza para retirar o excesso de líquido, tomando cuidado para não desmanchar o tofu.

2. Corte o tofu em quatro fatias do tamanho do pão e com espessura de 0,6 cm. Aqueça uma frigideira em fogo médio-baixo e toste cada uma delas por cerca de 8 minutos de cada lado. Regue com um fio de xarope de agave e toste por mais 1 minuto de cada lado. Tempere com sal e pimenta-do-reino. Disponha sobre os pães com as sugestões para incrementar, esprema uma cunha de limão e sirva.

Rende 4 unidades.

Para o tofu
400 g de tofu firme
xarope de agave ou mel
sal e pimenta-do-reino moída na hora a gosto

4 ciabattas ou baguetes pequenas cortadas ao meio e tostadas levemente

Para incrementar
Kimchi (p. 110)
Pesto de coentro (p. 73)
pepino e cenoura em palitos
brotos frescos
Maionese ou Maionese vegana (p. 152)
cunhas de limão-taiti

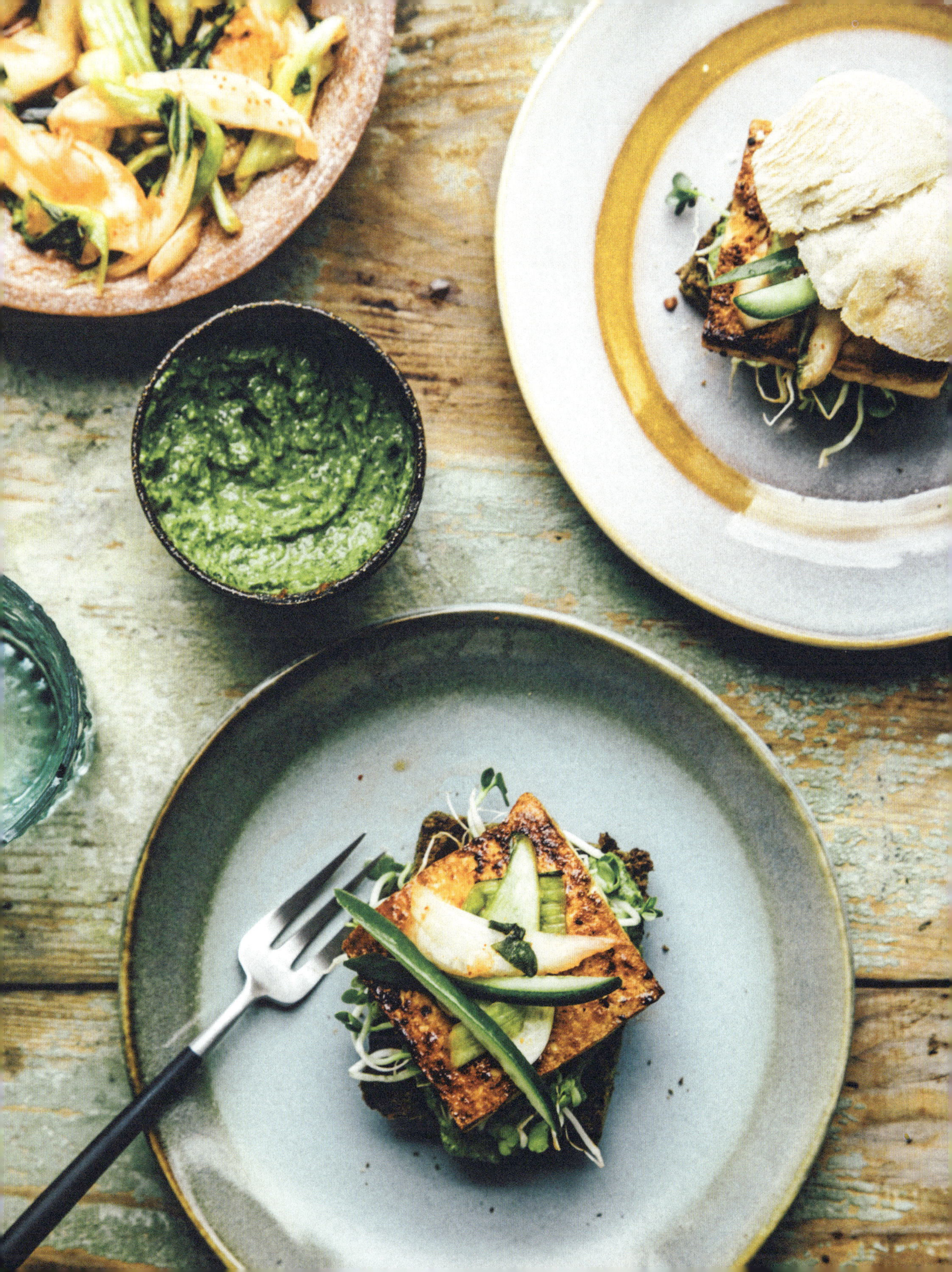

SUSHI-BÚRGUER

ONIGUIRI | AVOCADO | GARI | NORI | MAIONESE DE WASABI

Hambúrgueres de sushi são populares nas redes sociais – e a versão miniatura pode fazer o sucesso de uma festa. O oniguiri, bolinho de arroz japonês, faz as vezes de pão e é fácil de moldar com cortador de biscoito, além de ser um bom jeito de usar as sobras. A receita tem a picância do wasabi e a doçura suave do gari (picles de gengibre) – satisfação garantida.

1. Para o oniguiri, encha oito cortadores redondos de biscoitos (cerca de 3 cm de diâmetro) com o arroz, alise um dos lados e deixe o outro arredondado. Cubra com filme de PVC e leve à geladeira por 1-2 horas.

2. Para o tofu, em uma tigela grande e rasa, misture o molho de soja e o mel. Coloque o tofu em um prato forrado com papel-toalha e cubra com outro prato. Pressione com delicadeza para retirar o excesso de líquido, tomando cuidado para não desmanchar o tofu. Transfira para uma tábua de cozinha e corte na horizontal em fatias de 0,6 cm de espessura, depois em quadrados, para formar os "hambúrgueres".

3. Aqueça um fio de óleo em uma frigideira em fogo médio-alto. Adicione o tofu, tempere com pimenta-do-reino e frite por 3-5 minutos de cada lado, até dourar. Transfira para a tigela com o molho de soja e vire com cuidado, para molhar por inteiro. Recoloque as fatias na frigideira e frite por 1 minuto de cada lado.

4. Monte o sanduíche: coloque uma tira de alga nori sob cada oniguiri previamente desenformado. Por cima, passe a Maionese de wasabi, coloque o tofu e os outros ingredientes. Cubra com outro oniguiri. Umedeça as pontas da tira de alga e pressione uma sobre a outra, para fechar. Finalize com gergelim e sirva com molho de soja e vinagre de arroz.

Rende 8 unidades pequenas.

Para o Oniguiri
744 g de arroz japonês grão curto [para sushi] cozido (1 xícara [chá] por hambúrguer)
gergelim preto, para finalizar

Para o Tofu com molho de soja e pimenta-do-reino
2 colheres (sopa) de molho de soja ou tamari
½ colher (chá) de mel ou xarope de agave
200 g de tofu firme
óleo, para fritar
1 colher (chá) de pimenta-do-reino moída na hora

Para incrementar
Maionese de wasabi (p. 127)
Gari (p. 117)
avocado em rodelas
rabanete em rodelas finas
½ pepino em palitos finos
1 folha de alga nori cortada em oito tiras
molho de soja ou tamari, para regar
vinagre de arroz, para regar

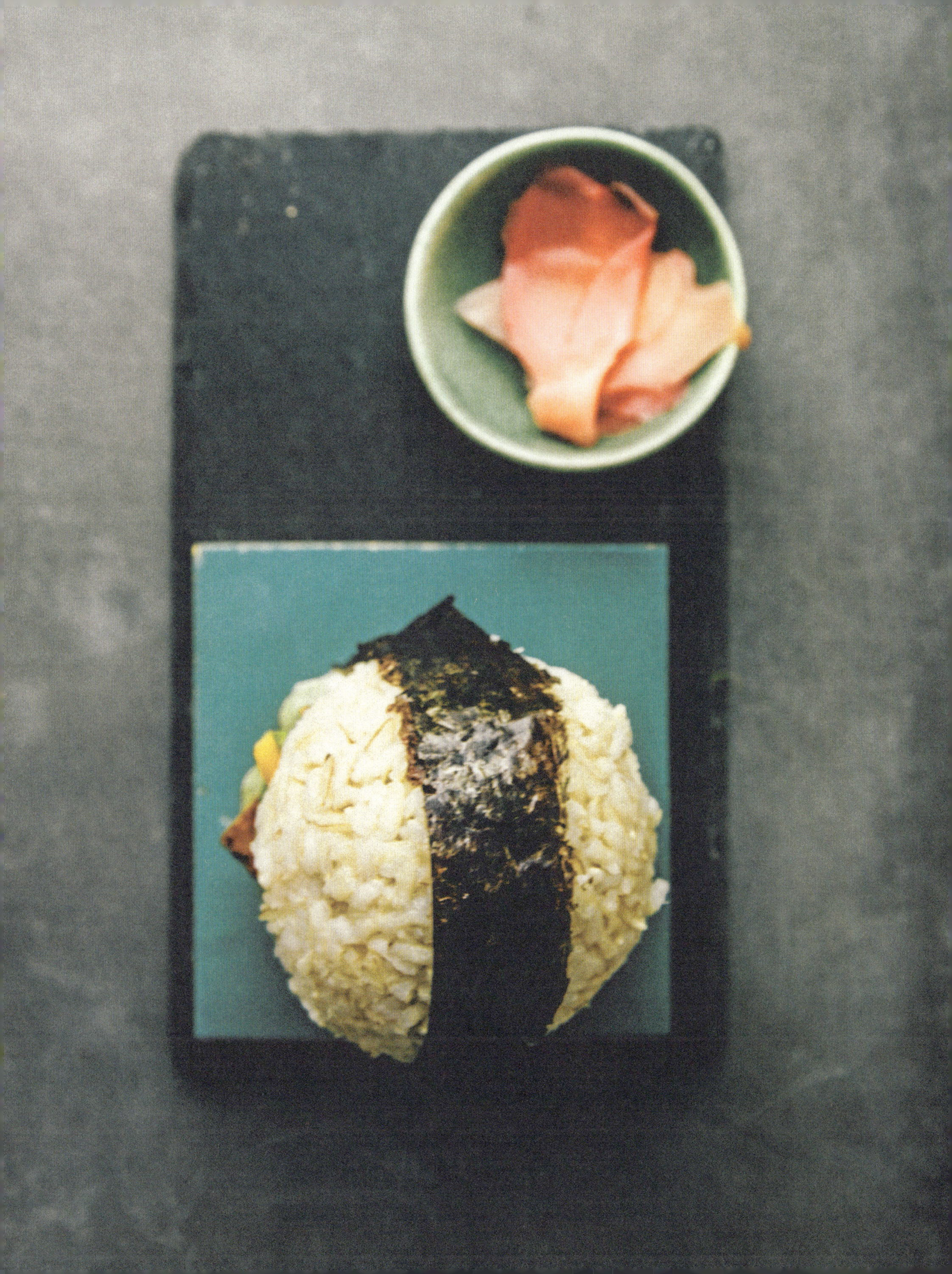

VEGETAIS DO MAR

Algas marinhas apresentam sabores complexos e variados que vão do salgado intenso às sutis notas herbáceas. São especialmente boas para dar aquele gosto de mar aos hambúrgueres vegetarianos. Use na massa e para incrementar os sanduíches. Na foto, em sentido horário a partir da fileira de cima, à esquerda: hijiki, nori, wakame e dulse.

GARI

GENGIBRE | VINAGRE DE ARROZ | XAROPE DE AGAVE

No Japão, o delicioso picles rosado de gengibre, usado para acompanhar sushi, é conhecido como gari. A cor bonita vem das pontas cor-de-rosa da raiz bem nova. Você pode usar gengibre mais velho, mas quem ama sushi de verdade prefere o novo.

100 g de gengibre novo descascado e cortado em fatias finas
1 colher (chá) de sal
100 ml de vinagre de arroz
2 colheres (sopa) de xarope de agave ou mel

1. Em uma tigela pequena, tempere o gengibre com ½ colher (chá) de sal e reserve por 5 minutos.

2. Ferva água em uma panela pequena em fogo alto. Adicione o gengibre, diminua o fogo e cozinhe por 2 minutos. Escorra e coloque em um pano de prato limpo para absorver o excesso de líquido. Transfira para um vidro de fecho hermético com capacidade para 280 ml.

3. Em uma panela pequena, em fogo médio-alto, misture o vinagre, o xarope de agave e o sal restante. Cozinhe por cerca de 2 minutos, até o aroma do vinagre ficar mais suave. Espere esfriar e despeje no vidro com o gengibre. Feche e mantenha na geladeira por pelo menos 4 horas antes de usar.

Rende cerca de 100 g.

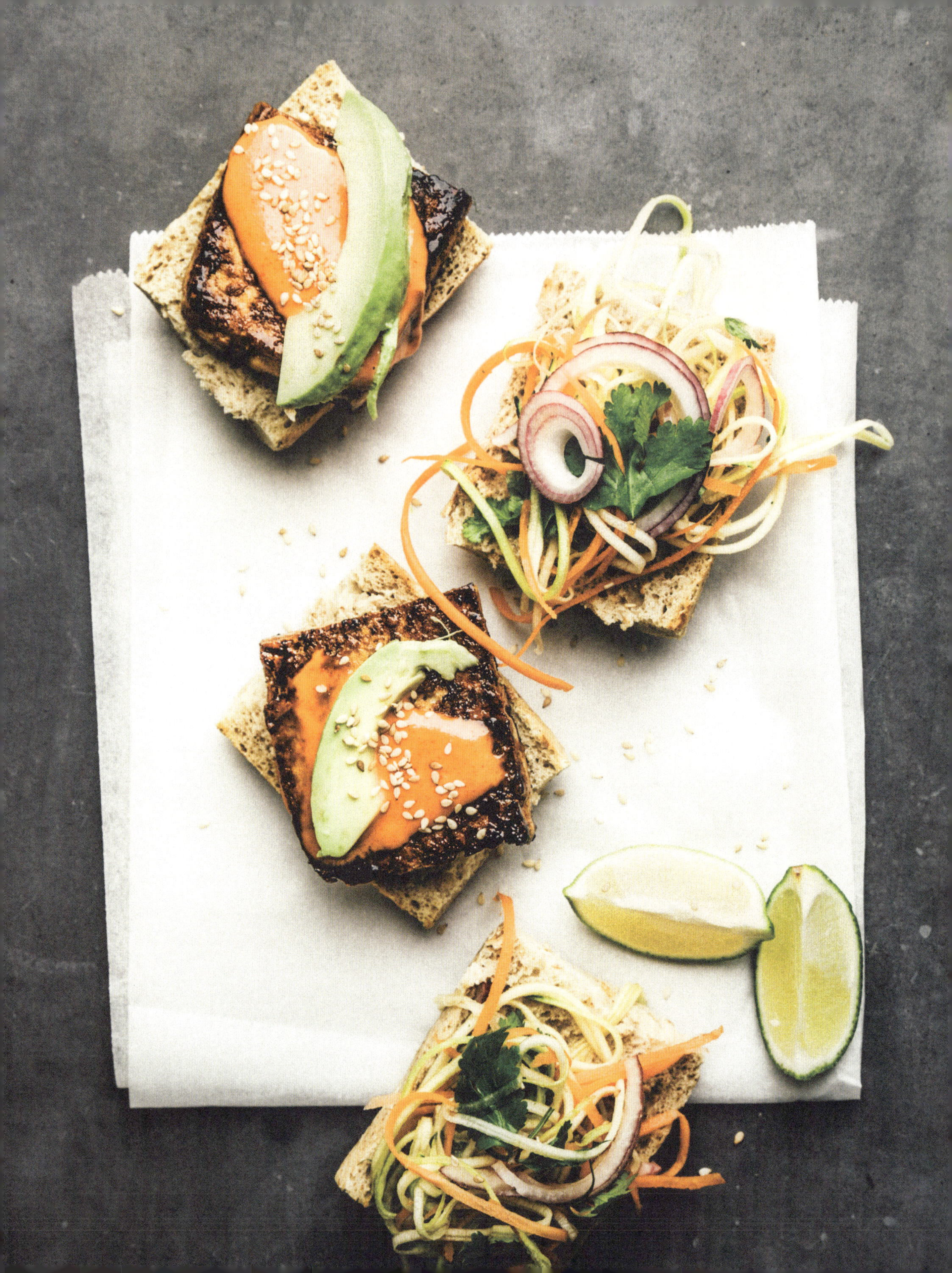

ÁSIA

BANH MI

TOFU | MAIONESE DE SRIRACHA | SLAW VIETNAMITA

Essa receita é um casamento perfeito entre os sabores do Ocidente e do Oriente. Na época da colonização francesa do Vietnã, os europeus levaram para a Ásia seu pão tradicional, a baguete. Mal sabiam que, com a criação do banh mi, isso entraria para a história da cozinha *fusion*: o sanduíche combina o apetitoso pão com acompanhamentos ricos em sabores vietnamitas, como limão, coentro e tofu.

1. Para a marinada, misture todos os ingredientes em uma vasilha pequena, até ficar homogêneo. Transfira para uma assadeira ou refratário raso.

2. Coloque o tofu em um prato forrado com papel-toalha e cubra com outro prato. Pressione com delicadeza para retirar o excesso de líquido, tomando cuidado para não despedaçar o tofu. Corte na horizontal em quatro fatias e junte à marinada. Reserve por 30 minutos.

3. Aqueça uma frigideira em fogo médio-baixo. Retire o tofu da marinada e frite por cerca de 8 minutos de cada lado. Monte os sanduíches com o tofu, o pão e as sugestões para incrementar e esprema um pouco de limão sobre eles.

Rende 4 unidades.

Para a marinada
2 colheres (sopa) de molho de soja ou tamari
2 colheres (sopa) de mirin
2 colheres (sopa) de Molho hoisin (p. 104) caseiro ou industrializado
1 colher (sopa) de óleo de canola
1 colher (sopa) de açúcar de coco ou mascavo
1 dente de alho amassado
½ colher (chá) de gengibre ralado

Para os sanduíches
300 g de tofu firme

1 baguete cortada em quatro pedaços do tamanho do pão de hambúrguer

Para incrementar
Slaw vietnamita (p. 104)
avocado fatiado
Maionese de sriracha (p. 128)
cunhas de limão-taiti

SANDUÍCHE DE SEITAN

MOLHO SATAY | SEITAN PICANTE | BROTO DE FEIJÃO

Inspirado por sabores da Indonésia, esse sanduíche é um deleite para quem adora amendoim. O molho satay acompanha perfeitamente os brotos de feijão, e o seitan, ou carne de glúten, aqui é usado como uma versão vegana e oriental de carne de porco desfiada, e não modelada como hambúrguer. Fica excelente com molhos salgados, como o satay ou outros curries. O seitan é encontrado em lojas de produtos naturais ou orientais, mas você pode substituí-lo por tofu, tempeh, vegetais assados ou leguminosas.

Para o Seitan picante
60 ml de molho de soja ou tamari
2 colheres (sopa) de molho de pimenta sriracha
400 g de seitan em conserva (ou congelado) escorrido
óleo, para fritar
250 ml de Molho satay (ao lado)

4 pães de hambúrguer cortados ao meio e tostados levemente

Para incrementar
folhas de coentro
pepino fatiado
broto de feijão
amendoim triturado grosseiramente
cebolinha ou cebola roxa em fatias bem finas

1. Em uma tigela rasa, misture os molhos de soja e o de pimenta. Junte o seitan e cubra bem.
2. Aqueça um fio de óleo em uma frigideira em fogo médio-alto. Frite as fatias de seitan por 4-5 minutos de cada lado, até dourar.
3. Acrescente o Molho satay e cozinhe por 2 minutos.
4. Monte os sanduíches com o seitan, o pão e os complementos.

Rende 4 unidades.

MOLHO SATAY

AMENDOIM | TAMARINDO | COCO

Nessa receita cremosa, ótima com hambúrgueres e espetinhos, limão, tamarindo, gengibre, alho e coco valorizam o amendoim. O satay, um dos molhos mais deliciosos já inventados, surgiu nas cozinhas do Sudeste Asiático, onde o tamarindo aparece com frequência; seu sabor agridoce é essencial em muitos pratos da região. Se não encontrar a pasta, use molho inglês ou ketchup.

100 g de amendoim cru
¾ de colher (chá) de sal
óleo, para fritar
1 cebola roxa em fatias finas
200 ml de leite de coco ou outro creme de sua preferência
50 g de coco ralado seco
45 ml de molho de soja ou tamari
2 colheres (sopa) de açúcar de coco
2 dentes de alho amassados
suco de 1 limão-taiti
1 colher (sopa) de pasta de tamarindo
uma pitada de pimenta-de-caiena

1. Preaqueça o forno a 200°C. Espalhe o amendoim em uma assadeira baixa e toste por 5 minutos, chacoalhando e mexendo os grãos depois de 3 minutos. Transfira para o processador, junte o sal e bata até obter uma pasta homogênea.
2. Aqueça um fio de óleo em uma frigideira em fogo médio-alto e refogue a cebola roxa até ficar translúcida. Acrescente a pasta de amendoim e os ingredientes restantes; apure em fogo baixo por 3-4 minutos. Retire do fogo. Mantenha na geladeira em um recipiente de fecho hermético por 3-4 dias.

Rende cerca de 1 xícara (chá)/250 ml.

DICA
Você pode substituir os grãos tostados por cerca de 100 g de pasta de amendoim industrializada.

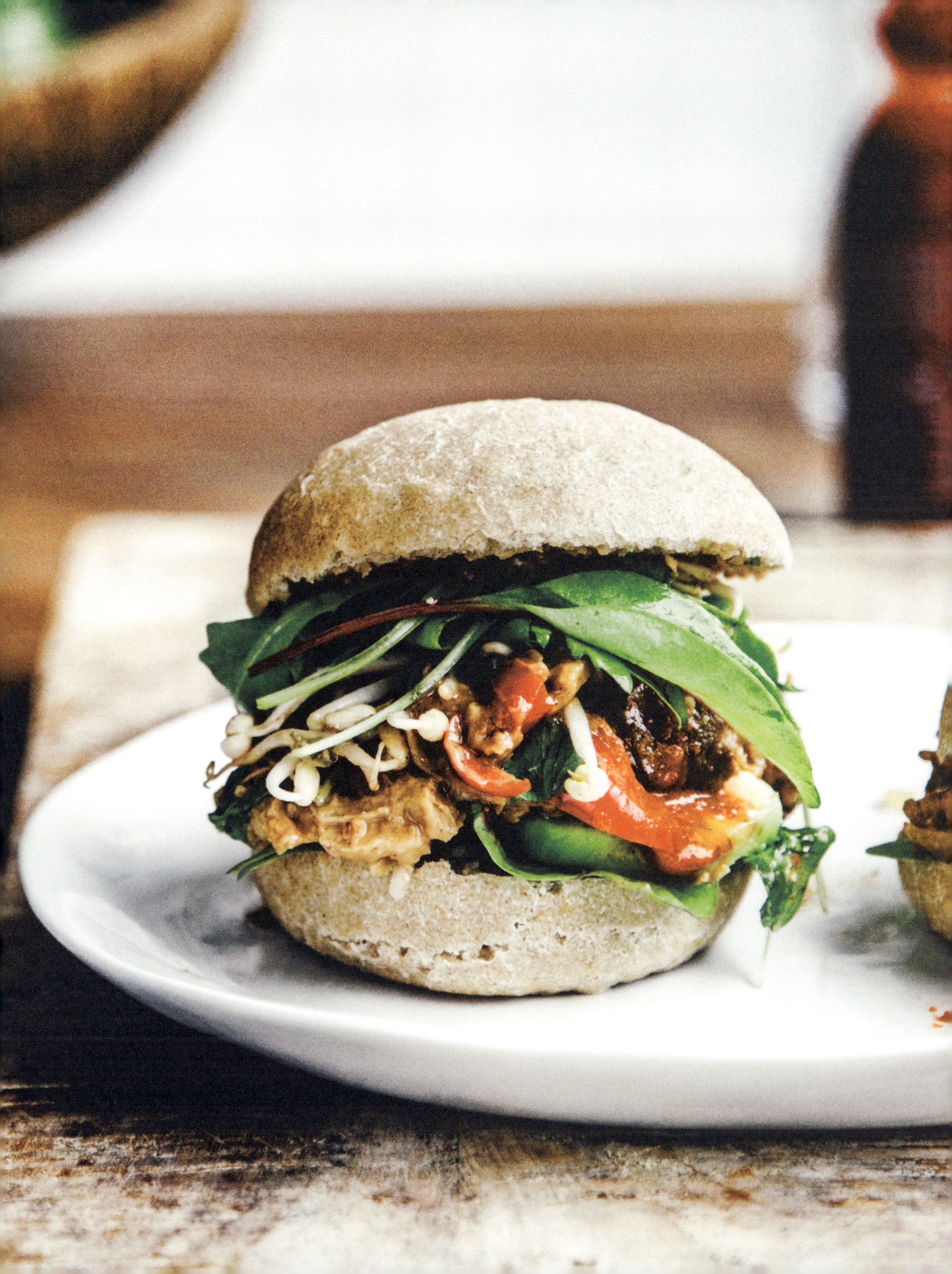

Hambúrguer indiano

HAMBÚRGUER INDIANO

COUVE-FLOR | CÚRCUMA | CREME DE CASTANHA-DE-CAJU E LIMÃO | SALADA DE CENOURA COM GERGELIM

As especiarias usadas nos curries são, ao mesmo tempo, reconfortantes e revigorantes e, quando combinadas à couve-flor, resultam em um sabor marcante. Esse hambúrguer ganha uma bela cor amarela por causa da cúrcuma, pequena raiz hoje considerada um superalimento. Quando consumida regularmente, ela tem efeitos benéficos para o organismo – algo que a rica tradição culinária da Índia sabe há milênios agora é reconhecido por estudos ocidentais. O delicioso sanduíche é servido com Salada de cenoura com gergelim e Creme de castanha-de-caju e limão, um deleite vegano.

1. Preaqueça o forno a 180°C.
2. Para o Creme de castanha-de-caju e limão: coloque todos os ingredientes no liquidificador ou processador e bata até ficar homogêneo. Reserve.
3. Para a salada: em uma tigela média, junte os ingredientes e mexa para misturar bem. Reserve.
4. Para os hambúrgueres: aqueça 1 colher (sopa) de óleo ou ghee em uma frigideira em fogo médio-alto. Refogue a cebola por 4-5 minutos, até ficar translúcida. Transfira para uma tigela grande e reserve. Na frigideira, aqueça mais 1 colher (sopa) de óleo ou ghee e junte a couve-flor, o alho, a cúrcuma, o garam masala, o gengibre, o sal e a pimenta-calabresa. Refogue por 6-8 minutos, sem parar de mexer. Transfira para a tigela com a cebola.

   Adicione os demais ingredientes e misture. Trabalhando em porções, passe a massa no processador, até triturar o arroz e a aveia; tome cuidado para não bater demais, pois a massa deve ficar com uma textura grosseira. Cubra e leve à geladeira por 30 minutos, ou até 24 horas.

5. Divida em quatro porções e modele os discos. Aqueça 1 colher (sopa) de óleo/ghee em uma frigideira em fogo médio-alto e frite os hambúrgueres por 4-8 minutos de cada lado. Tempere levemente com sal e pimenta-do-reino e transfira para uma assadeira. Leve ao forno por 8-10 minutos.
6. Monte os sanduíches com o hambúrguer e o pão usando o Creme de castanha-de-caju e limão e a Salada de cenoura com gergelim.

Rende 4 unidades, 240 g de Creme-de-castanha de caju, 300 g de Salada de cenoura e gergelim.

Para o Creme de castanha-de-caju e limão

200 g de castanha-de-caju demolhada por 1-3 horas e escorrida
suco de 1 limão-taiti
1 colher (chá) de mel ou xarope de agave
uma pitada de sal
água, para diluir

Para a Salada de cenoura com gergelim

5 cenouras em fitas
3 colheres (sopa) de vinagre de arroz
1 colher (sopa) de óleo de gergelim torrado

Para os hambúrgueres

óleo ou ghee
½ xícara (chá) de cebola picada
220 g de couve-flor ralada
3 dentes de alho amassados
1 colher (sopa) de cúrcuma ralada ou ½ colher (chá) em pó
1 colher (sopa) de garam masala
1 colher (chá) de gengibre ralado
¾ de colher (chá) de sal, mais a gosto
½ colher (chá) de pimenta-calabresa
100 g de aveia em flocos
100 g de arroz integral cozido
75 g de amêndoa tostada e moída
½ xícara (chá) de coentro picado
35 ml de suco de limão-siciliano
2 colheres (sopa) de óleo de canola
1 colher (sopa) de levedura nutricional ou parmesão ralado na hora
1 colher (chá) de açúcar de coco
¼ de colher (chá) de pimenta-do-reino moída na hora
4 pães de hambúrguer cortados ao meio e tostados levemente

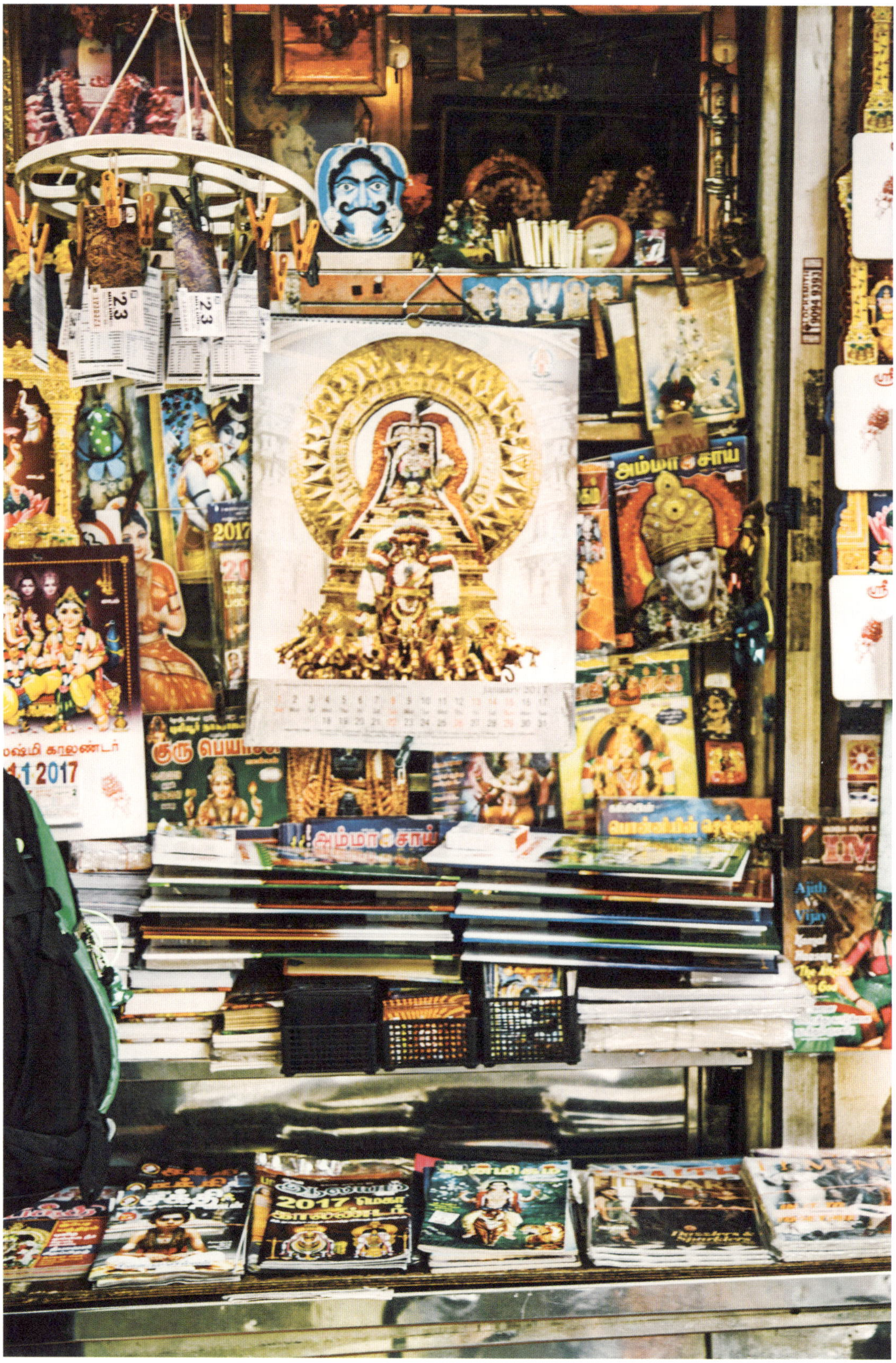
அம்மா சாய்
2017

O INFALÍVEL HAMBÚRGUER DE LENTILHA

LENTILHA | COMINHO | CÚRCUMA | COENTRO | PICLES | COALHADA

Uma das receitas mais populares que já criei tem como base um prato que batizei como "O infalível curry de lentilha". Aqui, adaptei o sabor em um hambúrguer. É delicioso: cominho, canela, coentro em pó e ervas frescas juntam-se em um sanduíche delicioso com molho de coalhada e picles. Para finalizar, pingue algumas gotas de limão.

1. Para o Molho de coalhada: misture todos os ingredientes, cubra a vasilha e leve à geladeira até a hora de usar.
2. Para o hambúrguer: aqueça um fio de óleo em uma frigideira em fogo médio-alto. Refogue a cebola, o alho e o pimentão por 5-7 minutos, ou até a cebola dourar e ficar translúcida.
3. Em uma tigela, misture o refogado e os ingredientes restantes, se necessário, acrescente mais farinha panko para dar liga. Prove e acerte o tempero.
4. Cubra e leve à geladeira por 30 minutos, ou até 24 horas.
5. Divida a massa em quatro porções iguais e modele os discos.
6. Aqueça uma frigideira em fogo médio-alto e regue com um fio de óleo. Frite os hambúrgueres por 2-4 minutos de cada lado, ou até dourar.
7. Monte os sanduíches com o hambúrguer, o pão, o Molho de coalhada, o picles e o coentro. Esprema limão por cima e sirva.

Rende 4 unidades.

Para o Molho de coalhada

200 ml de coalhada seca ou iogurte vegano
1 colher (chá) de xarope de agave ou mel
1 colher (chá) de suco de limão-taiti

Para o hambúrguer

óleo, para fritar
1 cebola em fatias finas
3 dentes de alho amassados
100 g de pimentão vermelho ou verde picado
150 g de lentilha cozida e escorrida
200 g de feijão-rajado ou preto cozido, escorrido e amassado com um garfo
raspas e suco de 1 limão-taiti
1 colher (chá) de molho de pimenta sriracha ou sambal
1 colher (sopa) de molho de soja
1 colher (sopa) de tahine
1 colher (sopa) de levedura nutricional ou parmesão ralado na hora
½ colher (chá) de sal, mais a gosto
100 g de farinha panko ou arroz integral cozido, mais um pouco se necessário
1½ colher (chá) de mel
1 colher (chá) de coentro em pó
1½ colher (chá) de cominho em pó
1 colher (chá) de cúrcuma em pó
1 colher (chá) de canela em pó

4 pães de hambúrguer cortados ao meio e tostados levemente

Para incrementar

Molho de coalhada
picles
coentro
cunhas de limão-taiti

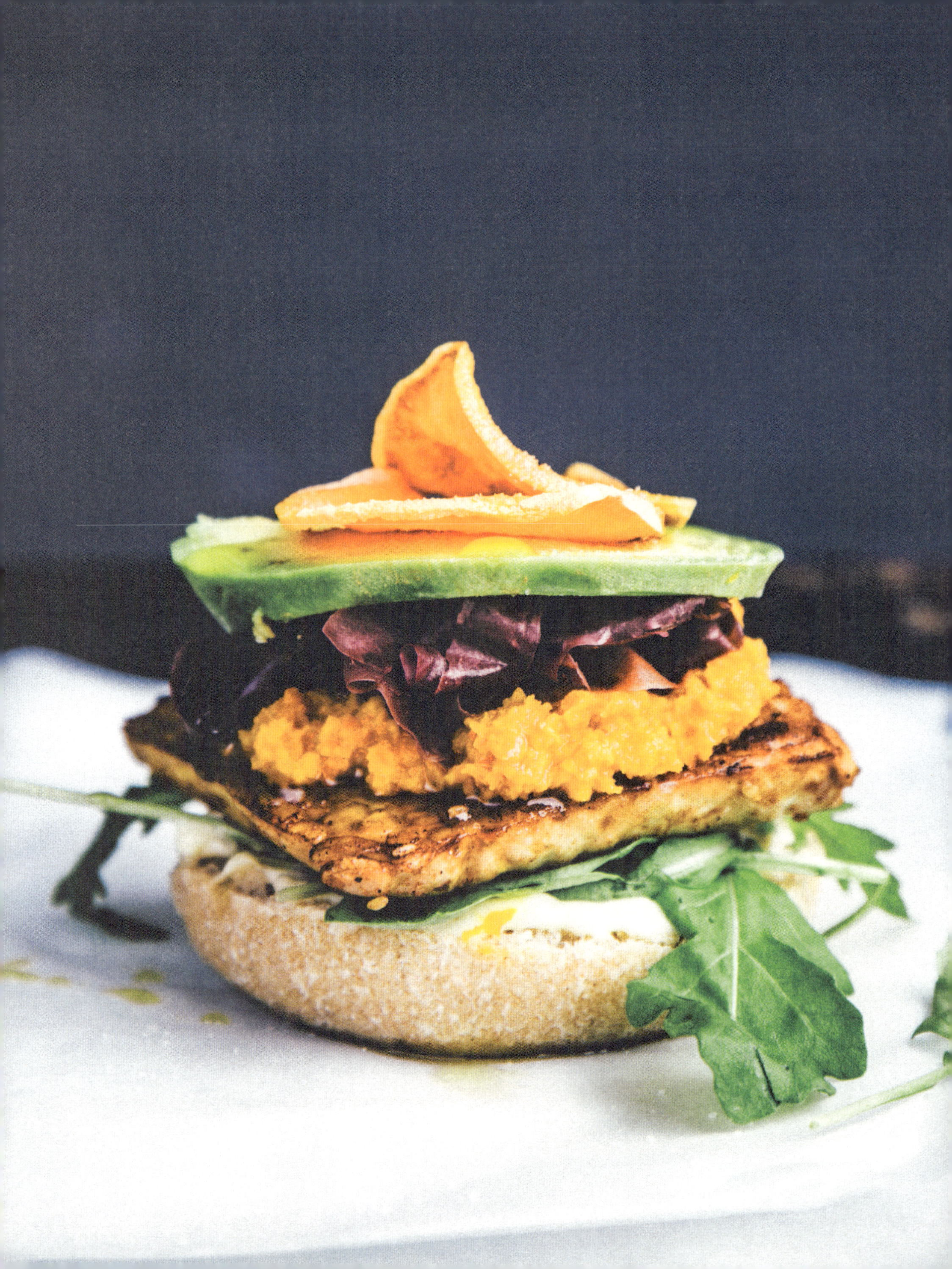

ÁSIA

HAMBÚRGUER DE TEMPEH

TEMPEH | CREME DE CENOURA E MISSÔ | ALGA DULSE | MAIONESE DE WASABI

Esse sanduíche combina ingredientes japoneses, como wasabi, umeboshi, gengibre e missô, com o tempeh indonésio encorpado. Sirva com Chips de batata-doce e fatias de avocado para obter uma boa combinação de texturas. Para potencializar o sabor marítimo, acrescentei alga dulse, o "bacon do mar", que é repleta de umami.

Não é necessário misturar os ingredientes para preparar esse hambúrguer. Basta fatiar, marinar e tostar o tempeh, alimento feito de grãos de soja fermentados com textura firme e agradável. É possível encontrar tempeh, missô, vinagre de arroz, umeboshi, wasabi e dulse em lojas de produtos naturais ou asiáticos.

1. Preaqueça o forno a 180°C.

2. Para a Maionese de wasabi, misture os ingredientes em uma tigela pequena até ficar homogêneo. Leve à geladeira até a hora de usar.

3. Para o Creme de cenoura e missô, misture todos os ingredientes em uma vasilha média. Cubra e mantenha na geladeira por 3-4 dias.

4. Para a marinada: em uma tigela média, misture todos os ingredientes e reserve.

5. Corte o tempeh em quatro fatias de 1 cm de espessura. Coloque em uma vasilha rasa com tampa e regue com a marinada, espalhando bem. Tampe e leve à geladeira por pelo menos 20 minutos, ou até 24 horas.

Retire o tempeh da marinada, aqueça uma frigideira em fogo médio-alto e toste as fatias por cerca de 3 minutos de cada lado, até dourar.

6. Monte o sanduíche: espalhe uma camada de Maionese de wasabi sobre uma metade de pão, disponha as folhas, o tempeh e o Creme de cenoura e missô.

Retire o excesso de umidade da alga, disponha sobre o creme e finalize com o avocado e os Chips de batata-doce. Sirva imediatamente.

Rende 4 unidades, cerca de 1 xícara (chá)/225 g de Maionese de wasabi e 200 g de Creme de cenoura e missô.

DICA
Para os Chips de batata-doce: preaqueça o forno a 230°C. Descasque e corte uma batata-doce em fatias finas com a mandolina. Coloque em uma assadeira baixa e leve ao forno por 15 minutos, ou até ficar crocante, virando na metade do tempo. Retire e espere esfriar.

Para a Maionese de wasabi
1 xícara (chá) de Maionese ou Maionese vegana (p. 152)
2 colheres (chá) de pasta de wasabi

Para o Creme de cenoura e missô
5 cenouras médias descascadas e raladas
1½ colher (sopa) de pasta de missô diluída em 1½ colher (sopa) de água morna
1 colher (sopa) de vinagre de arroz
1 colher (sopa) de óleo de canola
1 colher (sopa) de gengibre ralado

Para a marinada
3 colheres (sopa) de óleo de gergelim
2 colheres (sopa) de shichimi togarashi*
2 colheres (sopa) de mel ou xarope de agave
2 colheres (sopa) de vinagre de arroz
1 colher (sopa) de pasta de umeboshi [ou uma mistura de ½ colher (sopa) de pasta de missô com 1 colher (chá) de vinagre de arroz]
1 colher (sopa) de molho de soja ou tamari
1 dente de alho amassado

Para o hambúrguer
400 g de tempeh

4 pães de hambúrguer cortados ao meio e tostados levemente

Para acompanhar
folhas de salada
um punhado de alga dulse [ou alga wakame] hidratada, escorrida e lavada
avocado fatiado
Chips de batata-doce (ver Dica)

* Mix de temperos composto de pimenta, gergelim preto e branco, casca de laranja, sanshou, algas e gengibre.

BALI BÚRGUER

SHIITAKE | FEIJÃO-BRANCO | COCO | CAPIM-LIMÃO

Esse hambúrguer inspira-se nos pratos do Sudeste Asiático, que muitas vezes combinam frutas doces e coco com a acidez do limão e a picância das especiarias. Fica delicioso adicionar a ele Salsa de manga ou fatias de melancia, mas ambas podem ser substituídas por avocado e gotas de limão.

1. Para a Salsa de manga: misture os ingredientes em uma tigela e reserve.

2. Para a Maionese de sriracha: misture os ingredientes em uma vasilha pequena até ficar homogêneo. Cubra e leve à geladeira até a hora de usar.

3. Para o hambúrguer: aqueça um fio de óleo em uma frigideira em fogo médio-alto. Refogue o shiitake por 5-7 minutos, até murchar e dourar. Retire e coloque em uma tigela grande.

4. Junte o arroz, o feijão-branco, o alho, o molho de soja, o capim-limão, a levedura nutricional e a farinha panko. Misture com as mãos até obter uma textura que dê liga. Tempere a gosto com sal e pimenta-do-reino, cubra e leve à geladeira por 30 minutos, ou até 24 horas.

5. Divida a massa em quatro porções iguais e modele os discos.

6. Aqueça uma frigideira em fogo médio-alto e junte o óleo de coco. Frite os hambúrgueres por 2-4 minutos de cada lado, ou até dourar.

7. Monte os sanduíches com o hambúrguer, o pão e as sugestões para incrementar, a seu gosto. Regue com algumas gotas de óleo de gergelim e sirva com cunhas de limão.

Rende 4 unidades, cerca de 5 colheres (sopa) de Maionese de sriracha e 1 xícara (chá)/250 g de Salsa de manga.

DICA
Deixe o hambúrguer mais crocante: espalhe pedaços de amendoim ou castanha-de-caju tostados por cima, finalize com Chips de raízes (p. 138) ou Crisps de echalota (p. 30). Também é possível trocar a Salsa de manga pelo Pesto de coentro (p. 73).

Para a Salsa de manga
200 g de manga em cubos
um punhado de coentro
raspas e suco de 1 limão-taiti

Para a Maionese de sriracha
1½ colher (sopa) de molho de pimenta sriracha
¼ de xícara (chá) de Maionese ou Maionese vegana (p. 152)

Para o hambúrguer
óleo, para refogar
250 g de shiitake picado grosseiramente
50 g de arroz integral cozido
250 g de feijão-branco cozido, escorrido e amassado com um garfo
3 dentes de alho amassados
3 colheres (sopa) de molho de soja ou tamari
1 colher (chá) de capim-limão picado
2 colheres (sopa) de levedura nutricional
100 g de farinha panko ou farinha de rosca sem glúten
50 g de coco ralado
sal e pimenta-do-reino moída na hora a gosto
1 colher (sopa) de óleo de coco, para fritar

4 pães de hambúrguer cortados ao meio e tostados levemente

Para acompanhar
cebolinha picada
coentro
óleo de gergelim torrado
cunhas de limão

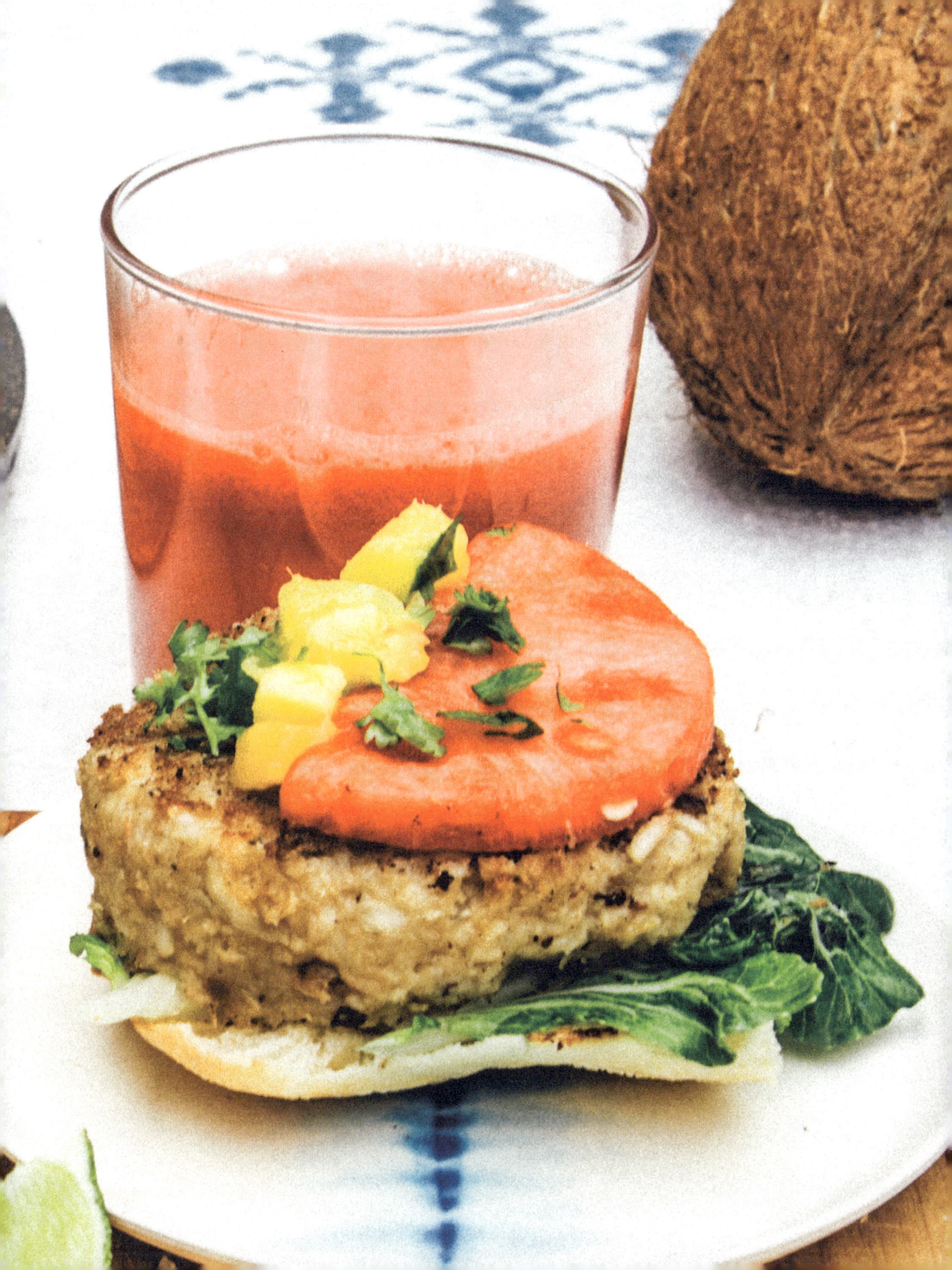

ESTADOS UNIDOS E AMÉRICA LATINA

As Américas são sinônimo de comidas de rua incríveis: basta pensar nos tacos e nas tortilhas latino-americanos ou nos bagels e nos hambúrgueres dos Estados Unidos.

A América é o berço do hambúrguer – o antepassado das versões vegetarianas, claro. Este capítulo presta homenagem a esses sabores clássicos, mas troca os ingredientes processados por alimentos naturais.

As Américas apresentam uma rica mistura cultural, e diversas cozinhas do mundo enriquecem sua gastronomia com um caleidoscópio de sabores. Ingredientes muitas vezes associados à região são o milho, a abóbora, o trigo e o maple syrup. Na América Latina (e na Califórnia) são populares o pimentão, a batata-doce, o feijão e as frutas cítricas. Um dos alimentos mais saudáveis vem do Peru: a quinoa, que tem benefícios excepcionais para a saúde, tornou-se uma sensação mundial e aparece com frequência em receitas vegetarianas.

Este capítulo fala sobre o que dá certo e desconsidera o resto – tudo por uma nova geração de hambúrgueres.

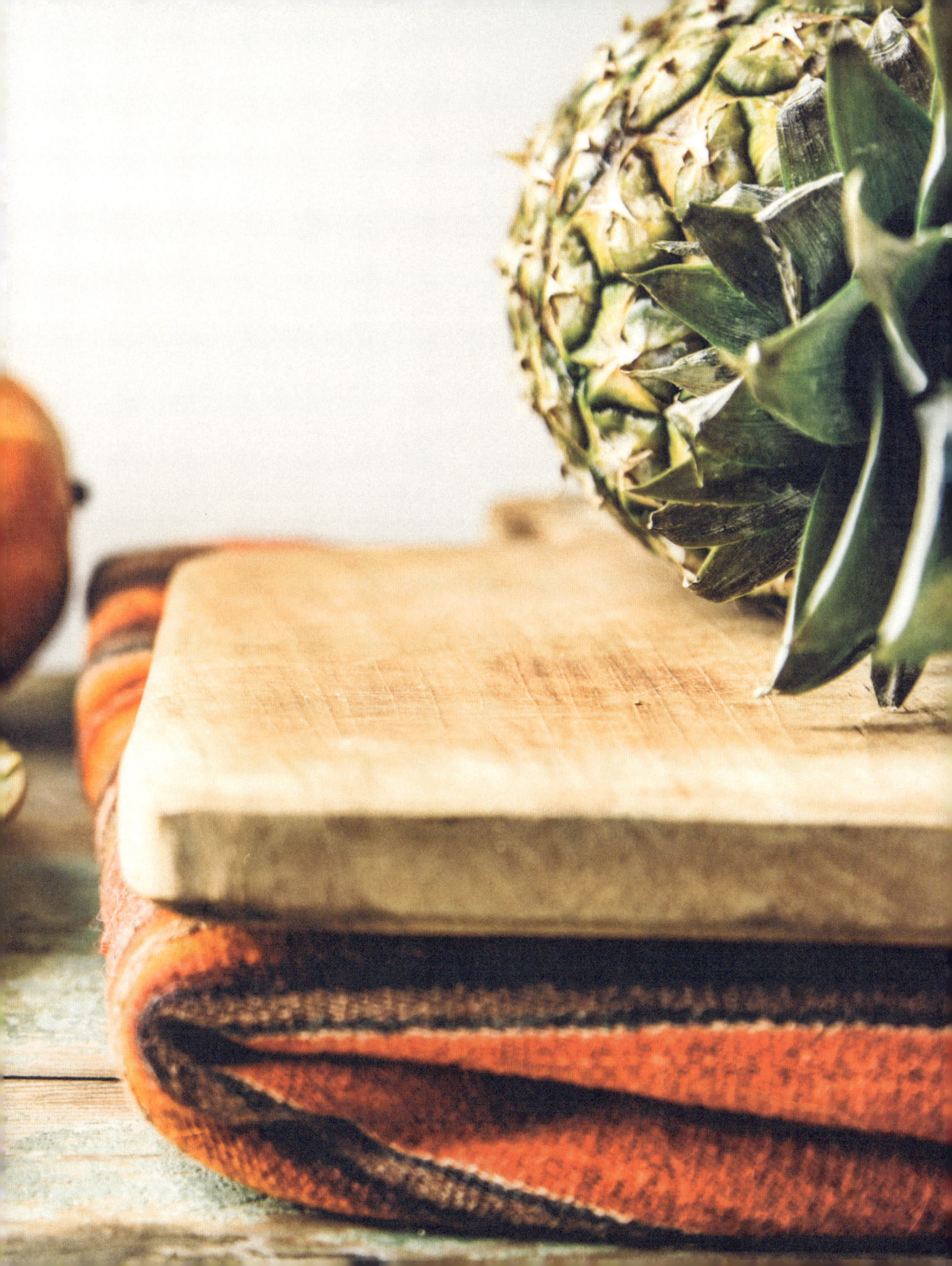

FAJITA DE COGUMELO

COGUMELO PORTOBELLO | PIMENTÃO | CREME DE AVOCADO E LIMÃO

Fajita é um prato mexicano que aqui ganha uma versão vegetariana, com fatias de cogumelo no lugar da carne. O pimentão e a marinada picante são típicos. Para um sabor mais defumado, junte 1 colher (chá) de fumaça líquida. Fica delicioso servido com acompanhamentos refrescantes, como coentro e Creme de avocado e limão, mas os vegetais fritos precisam estar superquentes.

1. Para o Creme de avocado e limão: em uma tigela pequena, amasse a polpa do avocado com um garfo e misture com os outros ingredientes até ficar homogêneo. Cubra e mantenha na geladeira até a hora de usar.
2. Para o molho: em uma vasilha pequena, bata todos os ingredientes com um garfo; reserve.
3. Para a fajita: aqueça um fio de óleo em uma frigideira em fogo médio-alto. Refogue a cebola por 5 minutos e junte os três tipos de pimentão. Refogue por 1 minuto, mexendo. Retire do fogo, tampe e reserve.

   Aqueça outra frigideira em fogo médio-alto e regue com um fio de óleo. Refogue o cogumelo até murchar e dourar. Tempere a gosto com sal e pimenta-do-reino, tampe e reserve.

   Recoloque a frigideira com a cebola e o pimentão no fogo; aumente a temperatura. Regue com o molho e aqueça por 2 minutos, sem parar de mexer. Tempere a gosto com sal e pimenta-do-reino. Acrescente o coentro, misture e reserve.
4. Monte o sanduíche com os cogumelos e pimentões refogados e o queijo. Sirva com o Creme de avocado e limão.

Rende 4 unidades e cerca de 150-200 g de Creme de avocado e limão (depende do tamanho da fruta).

Para o Creme de avocado e limão
polpa de 1 avocado [ou ½ abacate]
50 g de creme de castanha-de-caju ou coalhada seca
1 colher (sopa) de suco de limão-taiti

Para o molho
100 ml de suco de limão-taiti
2 colheres (sopa) de azeite
2 dentes de alho amassados
1 colher (chá) de pimenta-do-reino moída na hora
½ colher (chá) de pimenta chipotle em pó [ou páprica picante]
¼ de colher (chá) de cominho em pó
1 colher (chá) de fumaça líquida (opcional)

Para a fajita
óleo, para fritar
2 cebolas roxas em tiras finas
1 pimentão vermelho em tiras finas
1 pimentão verde em tiras finas
1 pimentão amarelo em tiras finas
4 cogumelos portobello aparados e fatiados
1 xícara (chá) de coentro picado
sal e pimenta-do-reino moída na hora a gosto

4 pães de hambúrguer cortados ao meio e tostados levemente
4 fatias de queijo ou queijo vegano

DICA
Para um toque divertido, junte um pouco de pimenta padrón [ou cambuci] à fajita. A variedade pode ou não ser ardida – e isso garante a surpresa na refeição. Não recomendado para pessoas sensíveis à picância da pimenta ou crianças.

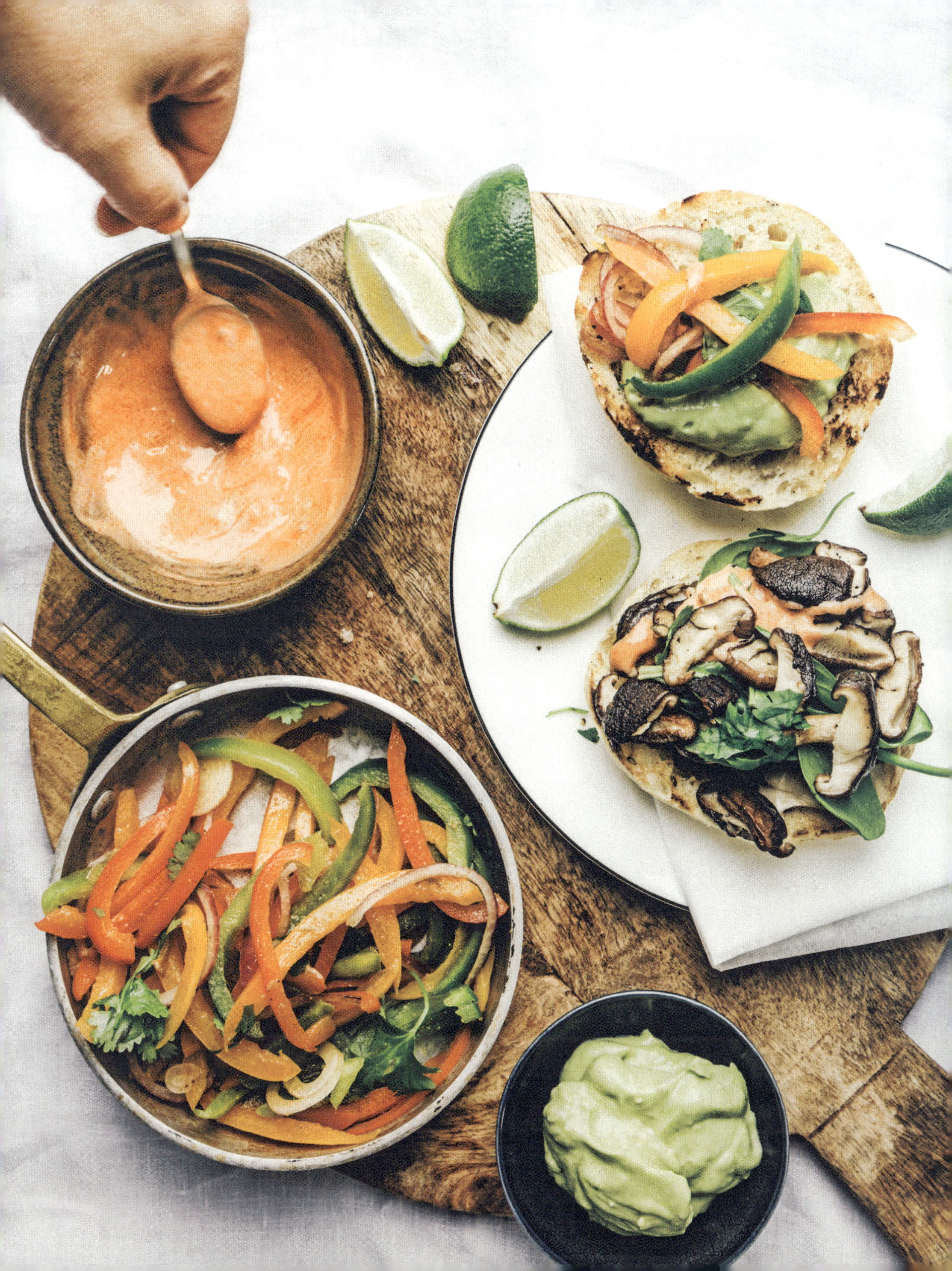

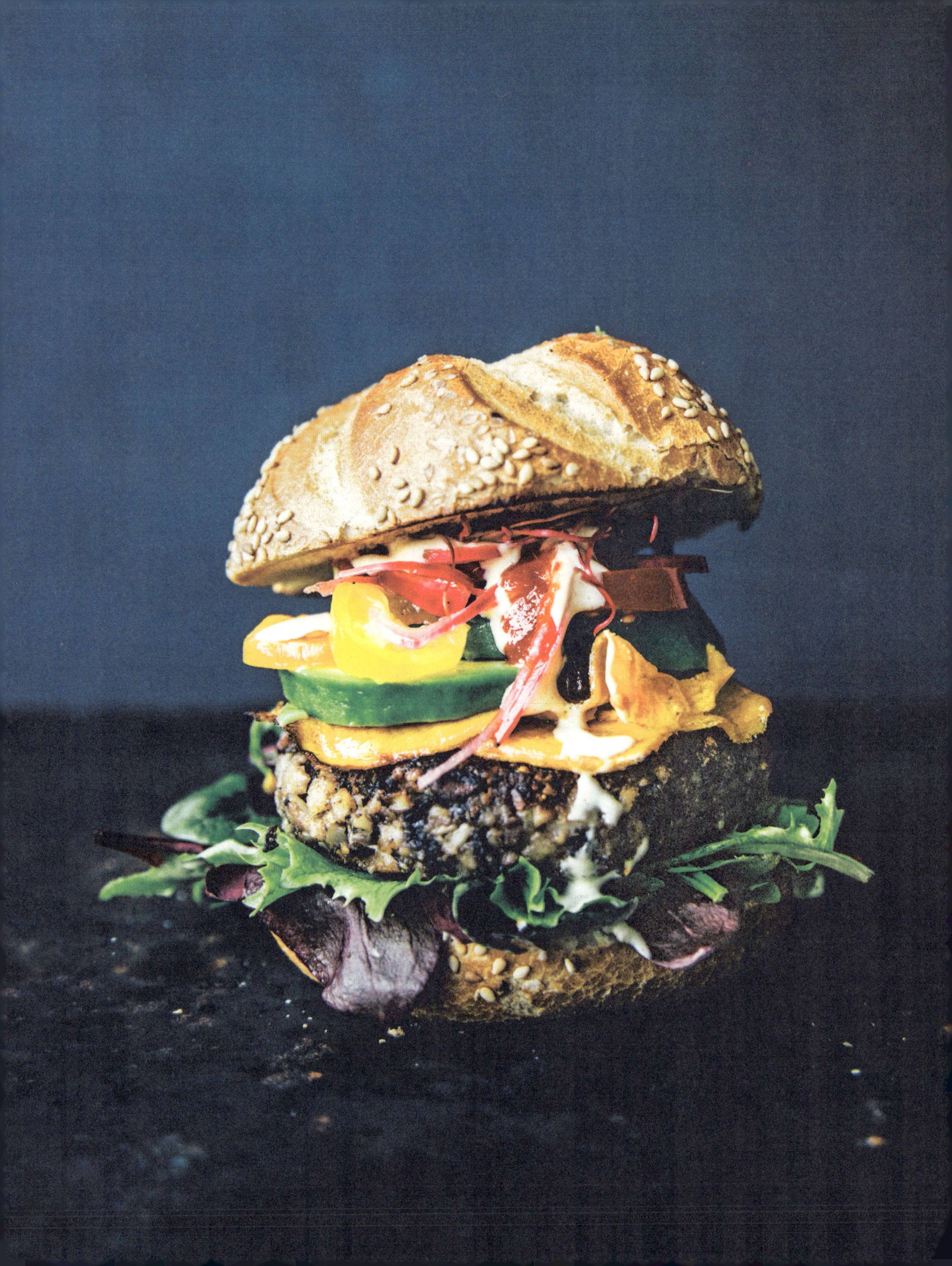

Sua majestade!

HAMBÚRGUER REAL TRUFADO

LENTILHA | CASTANHA-DE-CAJU | MAIONESE TRUFADA | BATATA-DOCE

Essa receita deliciosa tem um pouco de tudo: castanha-de-caju tostada, parmesão, molho de pimenta e a doçura do vinagre balsâmico. Servi para um parente que adora hambúrguer, e ele gostou tanto da versão vegetariana que até pediu a receita. A Maionese trufada dá a esse prato digno da realeza ainda mais sabor.

1. Para o hambúrguer: aqueça 1 colher (sopa) de azeite ou ghee em uma frigideira em fogo médio-alto. Refogue a cebola até ficar translúcida e perfumada; no último minuto de cozimento, junte o pimentão e o alho. Transfira para uma tigela grande e acrescente o restante dos ingredientes.
2. Cubra e leve à geladeira por 30 minutos, ou até 24 horas.
3. Divida a massa em quatro porções iguais e modele os discos. Aqueça uma frigideira em fogo médio-alto e regue com um fio de azeite ou 1 colher (sopa) de ghee. Frite os hambúrgueres por 2-5 minutos de cada lado, ou até dourar.
4. Para a Maionese trufada, misture os ingredientes até ficar homogêneo.
5. Monte os sanduíches com o hambúrguer, o pão e os complementos sugeridos.

Rende 4 unidades.

Para o hambúrguer
azeite ou ghee, para refogar
1 cebola em fatias finas
1 pimentão verde picado
2 dentes de alho amassados
100 g de castanha-de-caju tostada e picada
100 g de lentilha cozida e escorrida
150 g de feijão-preto cozido, escorrido e amassado com um garfo
100 g de parmesão ralado na hora ou Parmevegan (p. 58)
100 g de farinha panko ou farinha de rosca sem glúten
1 colher (sopa) de molho de pimenta
1 colher (chá) de vinagre balsâmico
¾ de colher (chá) de sal, mais a gosto
¼ de colher (chá) de pimenta-do-reino moída na hora
1 colher (chá) de xarope de agave

4 pães de hambúrguer cortados ao meio e tostados levemente

Para a Maionese trufada
1 xícara (chá) rasa de Maionese ou Maionese vegana (p. 152)
1 colher (sopa) de azeite trufado, mais a gosto
sal e pimenta-do-reino moída na hora a gosto
gotas de suco de limão-siciliano

Para incrementar
batata-doce fatiada assada
Picles de cebola (p. 30)
verduras ou ervas frescas
tomate-cereja amarelo
avocado fatiado

ESTADOS UNIDOS E AMÉRICA LATINA

HAMBÚRGUER GRELHADO

FEIJÃO-PRETO | CEBOLA CARAMELIZADA | MOLHO BARBECUE

O feijão-preto e o arroz garantem a textura firme dessa receita, e você pode testá-la com diversos temperos. Explore a variedade das pimentas, como a ancho, a versão seca de uma poblano do México. De ardência suave, ela deixa a receita mais atraente com apenas um toque. Complete com o Molho barbecue de laranja, de gosto doce e defumado, cebola caramelizada e, se você se empolgar, uma fatia de queijo duro maturado.

1. Para o hambúrguer: preaqueça o forno a 220°C e forre uma assadeira baixa com papel-manteiga. Coloque nela o feijão, o alho e o cogumelo. Regue com azeite e tempere com sal. Asse por 20 minutos, virando tudo na metade do tempo. Retire do forno, amasse o alho com um garfo e pique o cogumelo. Transfira para uma tigela grande e junte os ingredientes restantes.

2. Trabalhando em porções, passe a massa pelo processador até obter uma textura grosseira e grudenta, com pedaços pequenos visíveis. Prove e, se necessário, acerte o tempero com mais sal e pimenta-do-reino. Cubra e leve à geladeira por 15-30 minutos, ou até 24 horas. Se for usar uma churrasqueira, esse é o momento de acender o fogo do carvão.

3. Divida a massa em quatro porções iguais e modele os discos. Tempere a gosto com sal e pimenta-do-reino. Grelhe por cerca de 2 minutos de cada lado, até dourar ou ficar com as marcas da grelha – ou mais um pouco, caso queira sabor e visual mais pronunciados. Outras possibilidades: prepare os hambúrgueres em uma frigideira canelada em fogo médio-alto ou leve ao forno a 200°C por 15-20 minutos.

4. Monte os sanduíches com o molho e as sugestões para incrementar.

Rende 4 unidades.

Para o hambúrguer

298 g de feijão-preto cozido, escorrido e amassado com um garfo

2 dentes de alho

200 g de cogumelo-de-paris fatiado

2 colheres (sopa) de azeite ou óleo

¾ de colher (chá) de sal, mais a gosto

50 g de nozes moídas

100 g de farinha panko ou farinha de rosca

50 g de arroz integral cozido

2 colheres (sopa) de levedura nutricional ou parmesão ralado na hora

1 colher (sopa) de mostarda

1 colher (sopa) de vinagre balsâmico

1 colher (chá) de pimenta ancho (ou outra variedade) em pó

1 colher (chá) de pimenta vermelha em pó suave

¼ de colher (chá) de pimenta-do-reino moída na hora

4 pães de hambúrguer cortados ao meio e tostados levemente

Para incrementar

Molho barbecue de laranja (p. 138)

4 fatias de queijo ou queijo vegano

Cebola caramelizada (p. 32)

tomate em rodelas

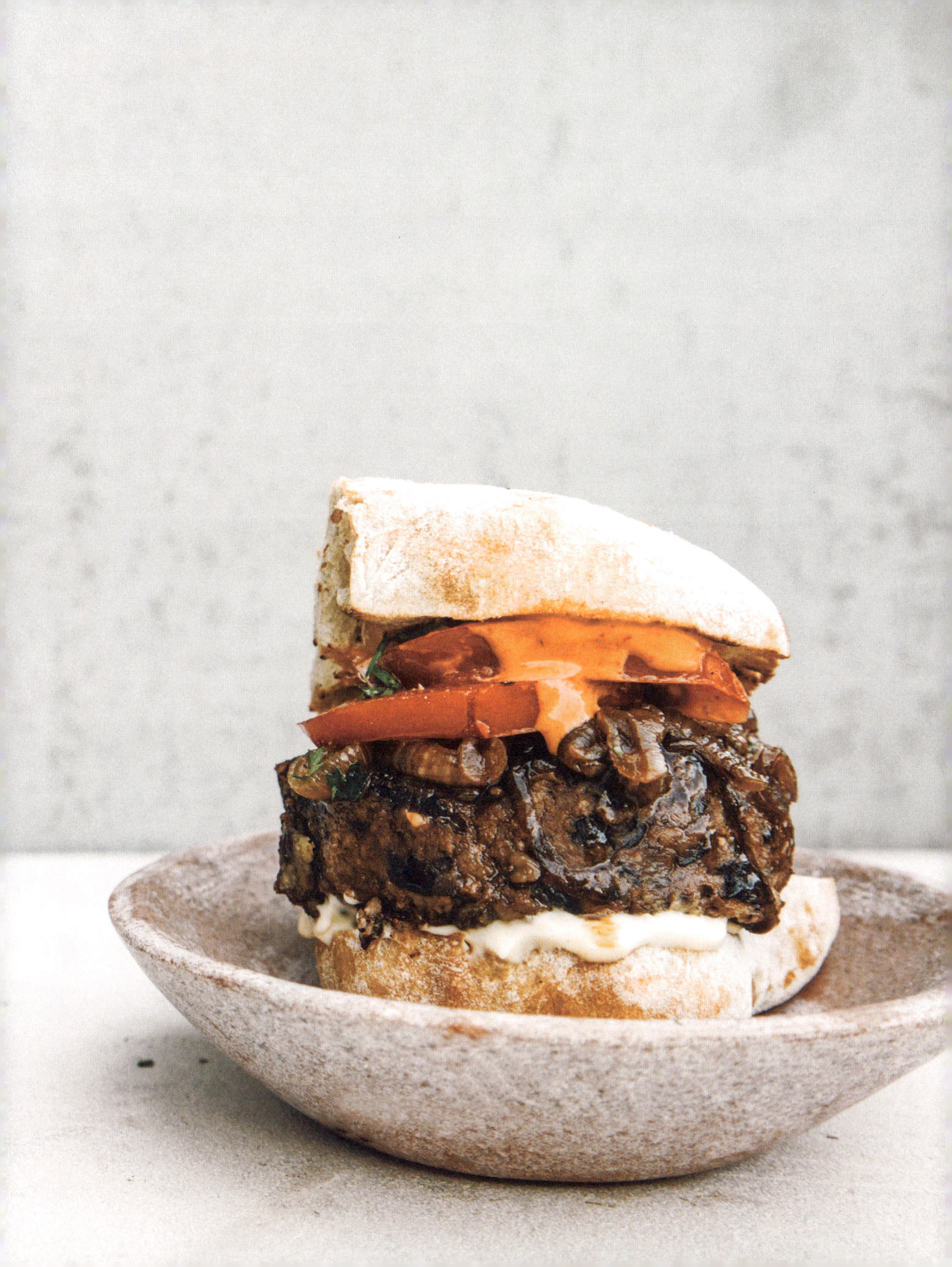

MOLHO BARBECUE DE LARANJA

LARANJA | SEMENTE DE ERVA-DOCE | FUMAÇA LÍQUIDA

Quando você acende a churrasqueira, um bom molho barbecue torna-se indispensável: seus ingredientes levemente doces e ácidos criam um equilíbrio delicioso com os alimentos tostados e salgados. Essa receita pode ser usada para dar sabor à massa dos hambúrgueres ou para incrementar os sanduíches. O suco e as raspas de laranja dão um toque adocicado, e a fumaça líquida deixa tudo com um gosto defumado que realça a comida frita, assada ou grelhada – mas, mesmo sem ela, o molho continua incrível. Prepare uma grande porção e sirva com qualquer prato grelhado.

óleo ou ghee, para fritar
70 g de cebola roxa picada
4 dentes de alho amassados
100 ml de suco de laranja
raspas de 1 laranja
100 g de ketchup
75 g de açúcar mascavo ou açúcar de coco
50 ml de vinagre de maçã
2 colheres (sopa) de molho de soja ou tamari
2 colheres (sopa) de fumaça líquida (opcional)
1 colher (sopa) de mostarda de Dijon
1 colher (sopa) de molho de pimenta sriracha ou vermelha
1½ colher (chá) de páprica defumada
1½ colher (chá) de semente de erva-doce triturada
½ colher (chá) de sal
¼ de colher (chá) de pimenta-do-reino moída na hora

Aqueça uma frigideira em fogo médio. Junte um fio de óleo ou 1 colher (sopa) de ghee. Acrescente a cebola e o alho e refogue por 10 minutos, ou até a cebola ficar translúcida. Adicione os ingredientes restantes e apure em fogo baixo por 20 minutos, mexendo de vez em quando para não queimar. Retire do fogo. Se quiser um molho homogêneo, passe pelo processador. Mantenha na geladeira, em recipiente de fecho hermético, por até 1 semana.

Rende 500 ml.

CHIPS DE RAÍZES

FATIAS DE RAÍZES ASSADAS

Elas deixam os hambúrgueres mais crocantes e saborosos. Divirta-se ao misturar legumes de cores diferentes ou escolha apenas seu preferido. Também é possível servir os crisps como aperitivo com diversos molhos frios deste livro, como o Molho de endro, mostarda e castanha-de-caju (p. 152), a Muhammara (p. 92) e o Molho Caesar moderno (p. 58).

500 g de raízes mistas, como batata-doce, batata-roxa, beterraba e batata, descascadas e cortadas em fatias muito finas (0,2-0,3 cm) [use a mandolina]
1 colher (sopa) de azeite
sal e pimenta-do-reino moída na hora

1. Preaqueça o forno a 160°C.

2. Coloque as fatias em uma tigela. Regue com o azeite e tempere com sal e pimenta-do-reino.

3. Forre duas assadeiras com papel-manteiga e distribua as fatias por cima, sem sobrepor. Asse por 20 minutos no centro do forno; vigie atentamente nos 5 minutos finais para não deixar queimar. Vire os chips e asse por mais 10-15 minutos, tomando cuidado para não queimar.

Rende 10 porções.

DICA
Para um toque extra, polvilhe as fatias com ervas e especiarias. Experimente levedura nutricional ou páprica defumada, para algo mais intenso, ou ervas aromáticas, como tomilho e alecrim.

O avocado acrescenta gordura benéfica aos hambúrgueres vegetarianos e ainda acentua outros sabores, como os de pimentas e de especiarias.

HAMBÚRGUER CLÁSSICO DO FUTURO

COGUMELO-DE-PARIS | LENTILHA | FUMAÇA LÍQUIDA | CHIPS DE RAÍZES

Esse é um ótimo ponto de partida para você preparar um sanduíche clássico com seus complementos favoritos, como maionese, ketchup, queijo, cebola, tomate e alface, entre outros. Aqui, fiz uma mistura tradicional de ketchup com maionese e acrescentei tomate-cereja e Chips de raízes (p. 138), para deixar mais crocante. Também é possível comprar os chips prontos, de boa qualidade, em alguns mercados.

As lentilhas estão entre meus ingredientes preferidos para criar hambúrgueres vegetarianos. Não dão tanta liga quanto o feijão-preto, mas, quando temperadas de maneira correta, adquirem um sabor incrível.

1. Para o Molho clássico: misture a maionese e o ketchup em uma tigela pequena até ficar homogêneo. Mantenha na geladeira até a hora de usar.

2. Para o hambúrguer: aqueça 1 colher (sopa) de azeite ou ghee em uma frigideira em fogo médio-alto. Refogue o cogumelo por 5-7 minutos, mexendo, até murchar e ficar perfumado. Transfira para uma vasilha grande e junte os ingredientes restantes, menos o pão. Cubra e leve à geladeira por 30 minutos, ou até 24 horas.

3. Divida a massa em quatro porções iguais e modele os discos. Aqueça um fio de azeite ou 1 colher (sopa) de ghee em uma frigideira em fogo médio-alto. Frite por 4-6 minutos de cada lado, ou até dourar.

4. Monte os sanduíches com o hambúrguer, o pão e os complementos.

Rende 4 unidades e ¼ de xícara (chá)/60 g de Molho clássico.

Para o Molho clássico

3 colheres (sopa) de Maionese ou Maionese vegana (p. 152)
1 colher (sopa) de ketchup

Para o hambúrguer

azeite ou ghee, para refogar
cerca de 250 g de cogumelo-de-paris
200 g de lentilha cozida e escorrida
100 g de feijão-preto cozido, escorrido e amassado com um garfo
1 colher (sopa) de tomilho
70 g de farinha panko ou farinha de rosca
80 g de arroz integral cozido
2 colheres (sopa) de salsa picada
50 g de parmesão ralado na hora ou Parmevegan (p. 58)
1½ colher (sopa) de molho de pimenta sriracha
2 colheres (sopa) de molho de soja ou tamari
2 dentes de alho amassados
1 colher (sopa) de tomilho em pó
1 colher (sopa) de vinagre balsâmico
1 colher (sopa) de fumaça líquida (opcional)
1 colher (chá) de páprica defumada
¾ de colher (chá) de sal, mais a gosto
¼ de colher (chá) de pimenta-do-reino moída na hora, mais a gosto

4 pães de hambúrguer cortados ao meio e tostados levemente

Para acompanhar

4 fatias de queijo à sua escolha (opcional)
Chips de raízes (p. 138)
Molho clássico
tomate-cereja em rodelas

DICA
Acrescente 1 colher (sopa) de fumaça líquida à massa do hambúrguer para obter um sabor defumado.

HAMBÚRGUER DE ABÓBORA

SÁLVIA | ABÓBORA | GORGONZOLA | PERA | CREME CÍTRICO DE CASTANHA-DE-CAJU

Você pode usar a polpa doce e cremosa da abóbora em hambúrgueres vegetarianos: essa versão, ótima para almoços de fim de semana, inclui o vegetal assado, sálvia e gorgonzola. Com diferentes texturas, nozes, peras e cevada dão firmeza à polpa macia. A cevada vai ao processador para liberar amido, que dá liga à massa. Embora combine muito bem, o queijo pode ser omitido ou use uma variação vegana.

1. Para o Creme cítrico de castanha-de-caju: em uma tigela pequena, misture todos os ingredientes até ficar homogêneo. Cubra e mantenha na geladeira até a hora de usar.

2. Para o hambúrguer: preaqueça o forno a 200°C. Em uma tigela pequena, misture a sálvia e o azeite. Esfregue sobre a abóbora e coloque-a em uma assadeira. Junte a cebola e o alho. Asse por 40 minutos, virando na metade do tempo. Para saber se a abóbora está assada, fure com um garfo: deve penetrar facilmente na polpa. Retire e ajuste o forno para 60°C (ou deixe na mais baixa marcação, com a porta entreaberta). Quando ela esfriar, descasque, pique a polpa em pedaços pequenos e coloque em uma tigela grande. Descarte a cebola e o alho.

3. Em uma frigideira com óleo, refogue a couve por alguns minutos, ou até ficar macio e perfumado. Junte à abóbora. Passe a cevada pelo processador, até obter uma textura grosseira, e acrescente à tigela. Adicione os ingredientes restantes e misture com as mãos, até ficar grudento. Bata cerca de um quinto da massa no processador até obter uma mistura mais homogênea. Recoloque na tigela e misture bem. Se a massa parecer muito úmida, acrescente mais farinha panko, aos poucos.

4. Prove e, se necessário, acerte o tempero com mais sal e pimenta-do-reino. Cubra e leve à geladeira por 15 minutos, ou até 24 horas.

5. Divida a massa em quatro porções iguais e modele os discos. Aqueça um fio de óleo ou 1 colher (sopa) de ghee em uma frigideira em fogo médio-alto. Frite por cerca de 2-4 minutos de cada lado. Tempere levemente com sal e pimenta-do-reino.

6. Sirva no pão com os complementos.

Rende 4 unidades e cerca de 175 ml de Creme cítrico de castanha-de-caju.

* Leve as folhas de sálvia ao fogo baixo, em uma frigideira, até começar a liberar o aroma. Controle para não deixar queimar.

Para o Creme cítrico de castanha-de-caju

100 g de pasta de castanha-de-caju ou pasta de amêndoa
60 ml de leite de amêndoa ou leite de castanha-de-caju
1 colher (sopa) de suco de limão-siciliano
uma pitada de sal

Para o hambúrguer

1 colher (sopa) de sálvia em pó
1 colher (sopa) de azeite
250 g de abóbora de pescoço ou japonesa com casca e sem sementes
1 cebola roxa cortada ao meio
3 dentes de alho amassados
80 g de couve picada
70 g de cevada ou arroz integral cozido
100 g de feijão-branco ou outro feijão firme cozido, escorrido e amassado com um garfo
100 g de farinha panko ou farinha de rosca
40 g de gorgonzola despedaçado (opcional) ou a versão vegana
70 g de semente de girassol (ou outra semente) tostada e moída
2 colheres (sopa) de levedura nutricional ou parmesão ralado na hora
½ colher (chá) de pimenta-calabresa
¾ de colher (chá) de sal, mais a gosto
¼ de colher (chá) de pimenta-do-reino
óleo ou ghee, para fritar
4 pães de hambúrguer cortados ao meio e tostados levemente

Para incrementar

sálvia levemente tostada*
Creme cítrico de castanha-de-caju ou sour cream [p. 24]
pera fatiada

ESTADOS UNIDOS E AMÉRICA LATINA

DICA
Uma alternativa láctea para o Creme cítrico de castanha-de-caju: misture 150 g de sour cream [p. 24] com uma pitada de sal. Cubra e mantenha na geladeira até a hora de servir.

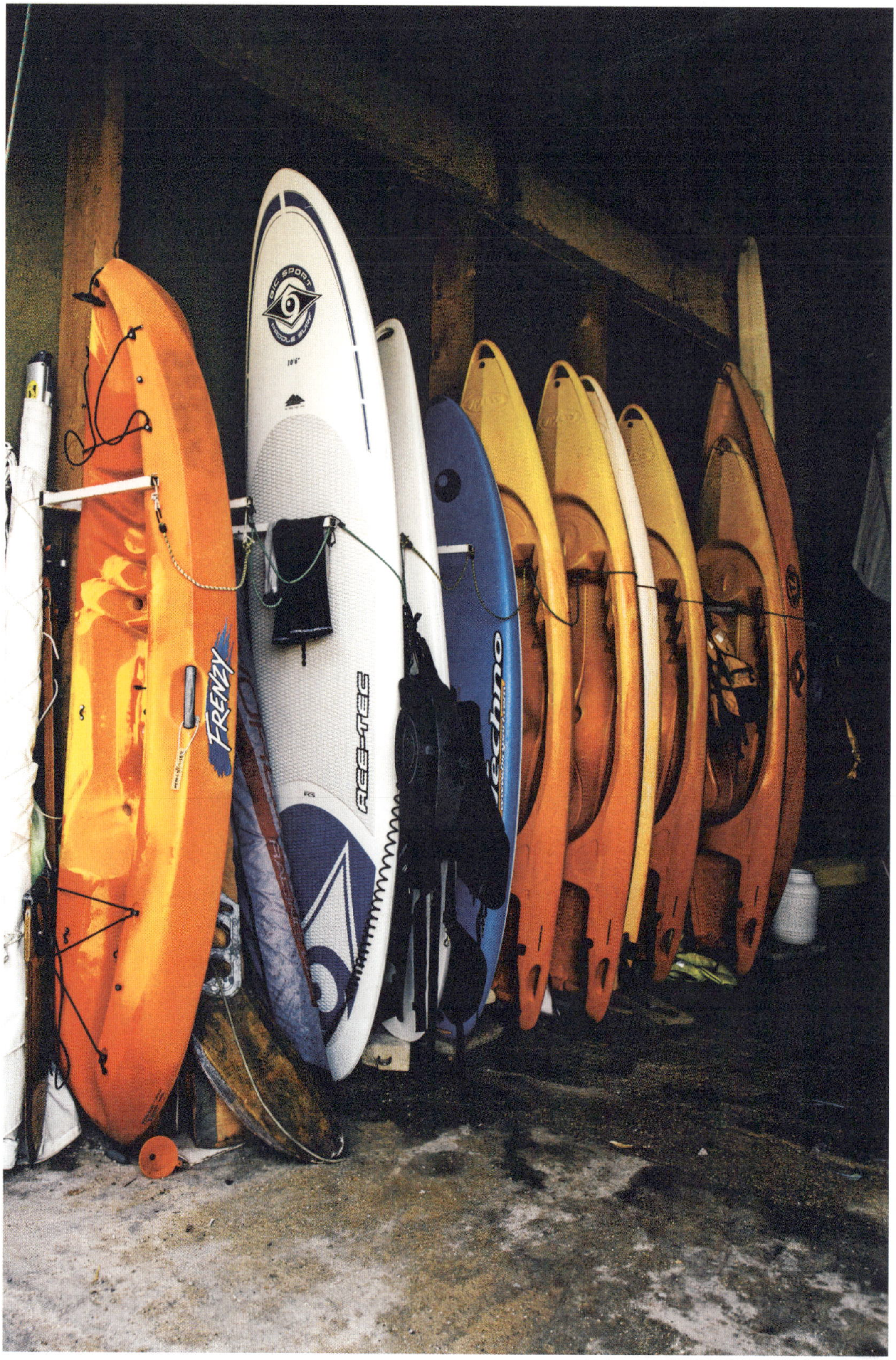
Frenzy
ACE-TEC

ESTADOS UNIDOS E AMÉRICA LATINA

JACA LOUCA

JACA | MANGA | ALGA MARINHA

A versão vegetariana da carne de porco desfiada muitas vezes é feita com jaca. Esse prato suculento fica repleto de sabor com a alga nori e o Molho barbecue caseiro. Para um ar de verão, misture manga e coentro refrescante. A nori confere o gosto marítimo, como o dos frutos do mar. É possível usar outros tipos de alga: siga as instruções da embalagem e pique ou rasgue bem pequeno. Como variação, substitua a manga por fatias de avocado ou papaia. Finalize com suco de limão para um toque especial.

1. Aqueça um fio de óleo em uma frigideira em fogo médio-alto. Refogue a cebola por 8-10 minutos, até começar a caramelizar. Junte a carne de jaca e o caldo de legumes; misture. Acrescente o alho e a levedura nutricional. Cozinhe em fogo baixo por 10 minutos, mexendo de vez em quando para desfazer a jaca. Se necessário, adicione um pouco de água.

2. Junte 1 colher (sopa) de óleo, o molho barbecue e o molho de pimenta; refogue, sem parar de mexer, por cerca de 15 minutos, ou um pouco mais. Se secar demais, acrescente caldo de legumes. Quando a jaca estiver macia e o líquido reduzir, regue com azeite. Prove e, se necessário, acerte os temperos.

3. Monte os sanduíches com o hambúrguer, o pão e os acompanhamentos.

Rende 10-12 unidades pequenas ou 6-8 grandes.

* Alguns produtores independentes já oferecem a "carne" de jaca pré-cozida, congelada e embalada a vácuo. Caso adquira desse modo, basta descongelar e refogar com os molhos e temperos, sem precisar cozinhar conforme os passos 1 e 2.

Para a Jaca desfiada

óleo ou ghee, para fritar
1 cebola em fatias finas
550 g de carne de jaca*
500 ml de caldo de legumes, mais um pouco se necessário
3 dentes de alho amassados
4 colheres (sopa) de levedura nutricional
400 ml de molho barbecue à sua escolha: Molho barbecue de laranja (p. 138) ou Molho barbecue oriental (p. 102)
1 colher (sopa) de molho de pimenta sriracha
azeite extravirgem
sal e pimenta-do-reino moída na hora a gosto

10 minipães de hambúrguer, tortilhas ou pão pita cortados ao meio e tostados levemente

Para incrementar

alga nori em pedaços (ou dulse ou wakame hidratadas e escorridas)
manga fatiada
coentro

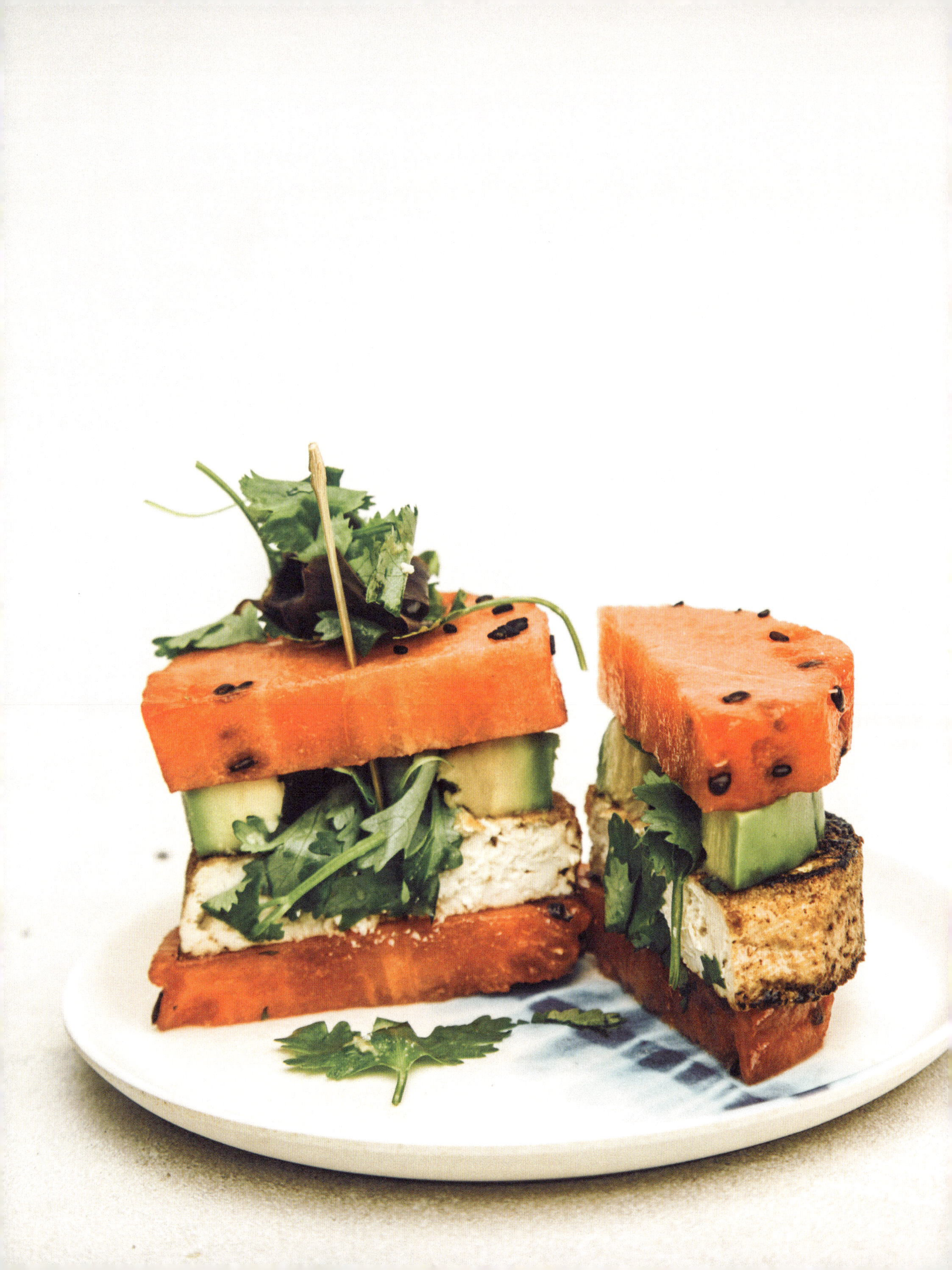

ESTADOS UNIDOS E AMÉRICA LATINA

SANDUÍCHE POKE DE MELANCIA

MELANCIA | VINAGRE DE ARROZ | MOLHO DE SOJA | AVOCADO | WAKAME EM CONSERVA

Esse sanduíche é tão refrescante e rico em sabores estimulantes que você vai querer preparar muitas vezes, principalmente nos dias quentes. Muito fácil de fazer, fica ótimo como entrada ou parte de uma seleção de pratos variados para festas. A combinação da melancia doce com o molho de soja salgado é excelente, e as fatias marinadas da fruta são valorizadas pelo coentro, avocado cremoso e tofu picante.

1. Para o Molho de poke: em uma tigela pequena, misture todos os ingredientes.

2. Corte a melancia em fatias de 1 cm de espessura; retire a casca. Com um cortador de biscoitos redondo (cerca de 3,5 cm de diâmetro), obtenha oito círculos de polpa. Com cuidado, transfira para um saco plástico de fecho hermético e junte o molho. Feche e leve à geladeira para marinar por 30 minutos.

3. Com o mesmo cortador, obtenha quatro círculos de tofu. Aqueça um fio de óleo em uma frigideira em fogo médio-alto e frite o tofu dos dois lados, por alguns minutos, até dourar. Tempere com sal e pimenta-do-reino a gosto e regue com um pouco de molho de soja.

4. Disponha o tofu, o avocado, o coentro, o wakame em conserva e a cebolinha entre as rodelas de melancia. Polvilhe com o gergelim.

Rende 4 unidades.

* Corte 1 pepino japonês em rodelas finas e esprema com delicadeza para retirar o excesso de líquido; reserve. Dilua 1 colher (chá) de hondashi em ¼ de xícara (chá) de água quente; reserve. Junte em uma panela: ¼ de xícara (chá) de vinagre de arroz, metade do caldo de hondashi, 2 colheres (chá) de açúcar e 1 pitada de sal; leve ao fogo. Assim que levantar fervura, adicione 1 colher (chá) de molho de soja e reserve para esfriar. Hidrate 2 colheres (sopa) de wakame seco na outra metade do caldo frio por 15 minutos e reserve. Misture ambas as preparações e escorra o líquido excedente. Leve à geladeira, em vidro fechado, por até 5 dias.

Para o Molho de poke
100 ml de vinagre de arroz
60 ml de molho de soja ou tamari
2 colheres (sopa) de óleo de gergelim torrado
2 colheres (sopa) de suco de limão-taiti (cerca de 1 limão)

¼ de 1 melancia

Para o tofu
300 g de tofu firme cortado na horizontal em fatias de 1 cm de espessura
óleo, para fritar
sal e pimenta-do-reino moída na hora a gosto
2 colheres (sopa) de molho de soja ou tamari

Para incrementar
2 avocados grandes [ou 1 abacate grande] em rodelas
20 g de coentro picado
wakame em conserva*
2 cebolinhas picadas
gergelim preto, para polvilhar

Experimente também...

VARIAÇÕES
Substitua o tofu por queijo de cabra semiduro (cerca de ⅓ de xícara [chá] por sanduíche). Ou não use nem tofu, nem queijo – sirva apenas o avocado coberto com wakame em conserva.

HAMBÚRGUER DE BETERRABA E QUINOA

BETERRABA | QUINOA | BROTOS FRESCOS | CREME DE CASTANHA-DE-CAJU E JALAPEÑO

Nunca um hambúrguer foi tão saudável. Essa receita usa superalimentos latino-americanos como a quinoa, rica em proteínas, a chia, repleta de nutrientes, e a beterraba. A quinoa confere uma textura delicada enquanto a beterraba ralada traz suculência. Hidrato as sementes de chia e uso como substituto vegano para o ovo, que ajuda a dar liga à massa. Deixe tudo ainda mais especial servindo com maionese de chipotle. Esse sanduíche fica como o hambúrguer malpassado: frágil e macio, por isso trabalhe com cuidado ao fritar.

1. Para o Creme de castanha-de-caju e jalapeño: em uma tigela pequena, misture os três primeiros ingredientes, até ficar homogêneo. Tempere com sal e junte o xarope de agave. Mantenha na geladeira até a hora de usar.

2. Para o hambúrguer: coloque a quinoa em uma panela, cubra com água e cozinhe em fogo alto por 15 minutos. Escorra em uma peneira fina e reserve sem cobrir, para secar o excesso de umidade. Afofe com um garfo.

3. Aqueça um fio de óleo em uma frigideira em fogo médio-alto. Refogue a cebola, o alho e o cogumelo sem parar de mexer por 6-7 minutos, ou até o cogumelo dourar e murchar.

4. Junte o feijão-branco, a levedura nutricional, a páprica e o cominho. Frite, mexendo sem parar, por 2-3 minutos, ou até o líquido secar. Transfira para uma tigela grande.

5. Acrescente o azeite, o "ovo" de chia, a quinoa, a beterraba, o coentro, as raspas de limão, a aveia e o sal. Misture, cubra e leve à geladeira por 30 minutos, ou até 24 horas.

6. Divida a massa em quatro porções iguais e modele os discos. Aqueça uma frigideira em fogo médio-alto e regue com um fio de óleo ou 1 colher (sopa) de ghee. Frite os hambúrgueres por 5 minutos de cada lado.

7. Monte os sanduíches e sirva.

Rende 4 unidades.

Para o Creme de castanha-de-caju e jalapeño

100 g de Creme cítrico de castanha-de-caju (p. 142), coalhada, iogurte ou iogurte vegano
2 colheres (sopa) de cebolinha picada
1 pimenta jalapeño sem sementes e picada
sal a gosto
1 colher (chá) de xarope de agave ou mel

Para o hambúrguer

60 g de quinoa bem lavada (ou 150 g de quinoa cozida)
óleo ou ghee, para fritar
1 cebola picada
2 dentes de alho amassados
200 g de cogumelo-de-paris picado
227 g de feijão-branco cozido, escorrido e amassado com um garfo
2 colheres (sopa) de levedura nutricional ou parmesão ralado na hora
1 colher (chá) de páprica defumada
¾ de colher (chá) de cominho em pó
2 colheres (sopa) de azeite
1 "ovo" de chia (p. 14) ou 1 ovo de galinha
150 g de beterraba ralada
3 colheres (sopa) de coentro picado
raspas de 1 limão-taiti
70 g de aveia em flocos
½ colher (chá) de sal, mais a gosto

4 pães de hambúrguer cortados ao meio e tostados levemente ou 4 "pães" de cogumelo portobello (2 por porção, p. 70)

Para acompanhar

batata-doce assada ou avocado fatiado
brotos frescos (opcional)

DICA
Para um efeito impactante, sirva com pão feito com carvão ativado vegetal ou espirulina (p. 67). Ou, para mais superpoderes, com o Pão de quinoa e espelta (p. 51).

Um super-hambúrguer!

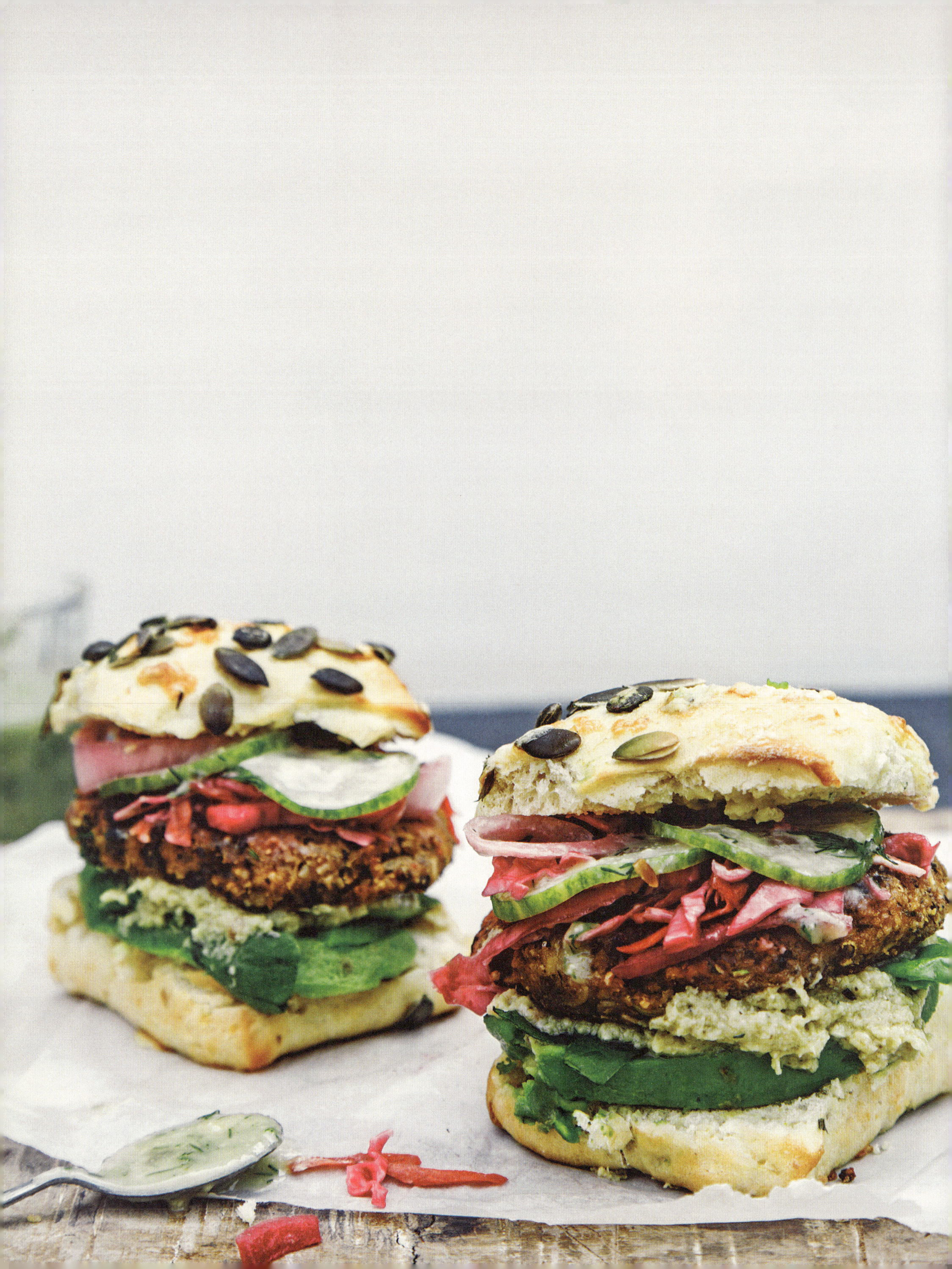

HAMBÚRGUER PÓS-PRAIA

GRÃO-DE-BICO | AVOCADO | CREME DE ALCACHOFRA | KIMCHI

Esse hambúrguer é ao mesmo tempo picante e suave. Os sabores são inspirados pelo que eu gosto de comer depois de um dia na praia – algo refrescante e saboroso. Grão-de-bico, lentilha e cenoura acrescentam suculência à castanha-de-caju e às especiarias. Completar o sanduíche com Kimchi, Molho de endro, mostarda e castanha-de-caju (p. 152) e avocado torna essa experiência uma combinação perfeita de gostos contrastantes.

1. Preaqueça o forno a 60°C (ou deixe na mais baixa marcação, com a porta entreaberta).
2. Prepare o Creme de alcachofra (p. 152) e o Molho de endro, mostarda e castanha-de-caju (p. 152).
3. Para o hambúrguer: bata os ingredientes por alguns segundos no processador ou com o mixer, ou amasse tudo com um garfo. Se a massa parecer muito úmida e solta, junte mais farinha. Prove e acerte o sal e a pimenta-do-reino. Cubra e leve à geladeira por 30 minutos, ou até 24 horas.
4. Divida a massa em quatro porções iguais e modele os discos. Aqueça um fio de óleo ou 1 colher (sopa) de ghee em uma frigideira em fogo médio-baixo.
5. Frite os hambúrgueres por 2 minutos dos dois lados, até dourar e ficar aromático. Quando estiverem no ponto, ficam bem dourados. Tempere levemente com sal, transfira para uma assadeira e mantenha no forno até a hora de montar.
6. Monte os sanduíches com o pão e os complementos. Sirva imediatamente.

Rende 4 unidades.

Para o hambúrguer

100 g de lentilha cozida
227 g de grão-de-bico cozido, escorrido e amassado com um garfo
120 g de castanha-de-caju tostada e picada grosseiramente
50 g de farinha panko ou aveia tostada e moída
2 cenouras raladas
1 colher (sopa) de semente de linhaça triturada (opcional)
2 colheres (sopa) de molho de soja
½ colher (sopa) de suco de limão-siciliano
1 colher (sopa) de orégano ou manjerona
½ colher (sopa) de páprica em pó
½ xícara (chá) de manjericão picado grosseiramente
40 g de cebola picada
2 dentes de alho amassados
½ colher (sopa) de molho de pimenta sambal ou sriracha
½ colher (sopa) de azeite
1 colher (chá) de sal
uma pitada de pimenta-do-reino moída na hora

4 pães de hambúrguer ou brioches cortados ao meio

Para incrementar

Creme de alcachofra (p. 152)
Molho de endro, mostarda e castanha-de-caju (p. 152)
Kimchi (p. 110) ou Chucrute roxo (p. 42)
pepino em rodelas finas
avocado fatiado
um punhado de espinafre baby ou rúcula
Picles de cebola ou Cebola crua (p. 30)

MAIONESE VEGANA

Versátil, essa receita também pode ser realçada com uma colherada de mostarda, molho de pimenta, alho ralado, tapenade trufada ou raspas de limão-siciliano.

200 g de tofu macio
1 colher (chá) de xarope de agave
1½ colher (sopa) de vinagre de vinho branco
1 colher (sopa) de mostarda
½ colher (chá) de sal, mais a gosto

Bata os ingredientes no processador até obter um creme homogêneo. Cubra e leve à geladeira por 3-4 dias.

Rende cerca de 1¼ xícara (chá)/300 g.

CREME DE ALCACHOFRA

Fãs do ingrediente vão querer mergulhar nessa receita.

150 g de coração de alcachofra em conserva
64 g de feijão-branco cozido e escorrido
2 colheres (sopa) de parmesão ralado na hora ou levedura nutricional
2 colheres (sopa) de azeite extravirgem
1 dente de alho
suco de ½ limão-siciliano
água, para diluir (se necessário)
sal e pimenta-do-reino moída na hora

1. Bata os ingredientes no liquidificador até obter um creme homogêneo.

2. Tampe e mantenha na geladeira por 3-4 dias.

Rende cerca de ¾ de xícara (chá)/200 g.

MAIONESE

Preparar uma versão caseira é uma excelente alternativa para o produto industrializado. Para um sabor ainda melhor, use ovo vindo de uma fazenda biodinâmica.

1 gema
1 colher (sopa) de vinagre de vinho branco
1 colher (sopa) de mostarda
150 ml de azeite
sal a gosto

1. Só comece a preparar a receita quando todos os ingredientes estiverem em temperatura ambiente.

2. Em uma tigela, bata a gema, o vinagre, a mostarda e um pouco de sal com um fouet ou batedor. Se preferir, use a batedeira.

3. Acrescente algumas gotas de azeite, sem parar de bater. Junte o restante aos poucos. Prove e, se necessário, acerte o sabor com mais sal e vinagre.

Rende cerca de ¾ de xícara (chá)/175 g.

MOLHO DE ENDRO, MOSTARDA E CASTANHA-DE-CAJU

Deliciosamente refrescante, vai bem com diversos sabores.

1 colher (sopa) de endro picado
2 colheres (chá) de mel
1 colher (sopa) de leite de amêndoa
1 colher (sopa) de pasta de castanha-de-caju
2 colheres (chá) de vinagre de arroz ou vinagre de vinho branco
1 colher (chá) de mostarda suave
1 colher (sopa) de azeite
1 colher (sopa) de suco de limão-siciliano
½ colher (chá) de sal

1. Bata os ingredientes no liquidificador até obter um molho homogêneo.

2. Tampe e mantenha por 3-4 dias na geladeira.

Rende cerca de ½ xícara (chá)/90 g.

Hambúrguer grelhado (p. 136) com Chips de raízes (p. 138) e avocado.

Guia rápido para criar hambúrgueres vegetarianos

INGREDIENTES	TEXTURA	SABOR
GRÃOS INTEGRAIS cevada, farro, aveia, quinoa, arroz, espelta e outros	São ótimos para conferir textura. Tenha cuidado para não transformar os grãos cozidos em purê ao bater no processador.	Com sabor sutil, são mais úteis para dar liga e sustância. Tostar deixa os grãos com um gosto amendoado.
OLEAGINOSAS/ SEMENTES chia, linhaça, gergelim, amêndoa, castanha-de-caju, macadâmia, pistache e nozes	Moídas ou trituradas, deixam a massa crocante. Sementes germinadas conferem excelente textura.	Proporcionam um sabor distinto que é intensificado quando você as tosta antes de adicionar à massa.
RAÍZES E OUTROS beterraba, repolho, cenoura, couve-flor, erva-doce, batata, batata-doce, nabo	Ralados grosseiramente, deixam a textura apetitosa.	Sutis, variam do adocicado ao terroso. Cenoura, batata-doce e nabo dão certa doçura; couve-flor e erva-doce são mais intensas.
LEGUMINOSAS feijão-preto, grão-de-bico, fava, lentilha e feijão-branco	Tenha cuidado para não transformá-las em purê. Para manter a textura, passe no processador por poucos segundos.	Gosto ótimo, mas muito sutil – precisam ter o apoio de ingredientes com umami para se destacar.
LEGUMES/VERDURAS pimentão, berinjela, verduras, abóbora, tomate e abobrinha	Em geral macios, precisam também de ingredientes mais firmes, como raízes e leguminosas.	Sabores intensos podem ser encontrados em pimentões e tomate. A abóbora, um pouco mais sutil, pede a companhia de algo com umami.
RICOS EM UMAMI alho, cogumelos, cebola e algas marinhas	Com textura macia e sedosa, precisam ser combinados a grãos e/ou leguminosas.	São a principal fonte de sabor: o umami proporciona o gosto para o hambúrguer todo.
TEMPEROS alcaparra, pimenta, molho de pimenta, queijo, ghee, ervas, levedura nutricional, azeitona, molho de soja ou tamari (umami), molhos apimentados e tomate seco	Molhos, óleos, pimentas, ervas secas e especiarias não trazem muita textura, mas tomate seco, azeitona e alcaparra acrescentam toques salgados que fazem a diferença.	Use esses ingredientes como complemento de sal e acidez, mas também para dar personalidade ao hambúrguer.

FIRMEZA	SUCULÊNCIA	OBSERVAÇÕES
O amido e a textura de grãos triturados levemente dão liga ao hambúrguer de maneira natural. Para recuperar a massa muito encharcada, acrescente mais grãos.	Por absorverem umidade, precisam do equilíbrio de vegetais suculentos e do acréscimo de líquidos.	**Use grãos integrais para uma receita mais saudável e com textura incrível. Experimente diversos tipos e descubra suas qualidades.**
Sementes de chia e de linhaça são boas para substituir o ovo: hidrate 1 colher (sopa) de semente de chia em 3 colheres (sopa) de água por cerca de 15 minutos.	Inteiras ou em pedaços, não interferem na suculência; quando moídas, porém, transformam-se em pastas cremosas e oleosas que podem deixar a massa mais úmida.	**Sementes germinadas são muito nutritivas e dão uma quantidade extra de crocância.**
Em geral, não ajudam a dar liga, mas a batata – que tem amido – e as raízes em tiras finas contribuem com a estrutura quando combinadas a leguminosas.	Batata, sobretudo a batata-doce, beterraba e cenoura deixam a massa suculenta.	**A couve-flor se sobressai pelo gosto; pode ser ralada grosseiramente, cortada em cubos pequenos, assada ou frita para proporcionar o máximo de sabor.**
Feijões são ótimos para dar liga, principalmente o feijão-preto. Passe pelo processador, mas sem transformar em purê. Lentilha e grão-de-bico também ajudam na consistência, mas menos que feijões.	Cozidas, conferem certa suculência à massa.	**Quando em conserva, escorra muito bem. Para tirar o excesso de umidade, seque com um pano de prato limpo ou aqueça rapidamente em uma panela.**
Embora não sejam excelentes para dar firmeza, funcionam bem com grãos e leguminosas.	Muita umidade e suculência. Prefira usar tomate seco no lugar do fresco. Esses vegetais precisam ser aquecidos para liberar o excesso de água antes de entrar na receita.	**O tomate fresco é muito úmido e difícil de usar no hambúrguer. Abobrinha e berinjela precisam ter o excesso de líquido retirado para não deixá-lo empapado.**
Não ajudam muito a dar liga.	Cebola e cogumelos oferecem muita suculência. Salteie para reduzir a umidade antes de juntar à massa.	**As algas deixam o hambúrguer com gosto de mar. Ervas são excelentes para a definição de sabores.**
Também não ajudam muito a dar liga.	Os molhos deixam a massa suculenta e deliciosa, assim como fazem óleos, queijo, azeitona e tomate seco.	**Antes de modelar os hambúrgueres, prove a massa e ajuste a quantidade de alimentos ricos em umami.**

Agradecimentos

Obrigada a meus amigos e minha família. Agradeço a Natal, Nova, Evan, Jan, Leoni, Christo e Fleur, por contribuírem de várias maneiras para este livro – eu não o teria terminado sem o entusiasmo e a ajuda de vocês. Também agradeço à maravilhosa equipe da Quarry Books, em especial a Jonathan, Anne e Meredith. Por fim, um enorme agradecimento aos amigos do blog e da comunidade do Instagram, de onde eu tiro muita inspiração: @tastyasheck, @ritaserano, @adelasterfoodtextures, @bettinas_kitchen, @talinegabriel, @thesunshineeatery, @thelittleplantation, @rebelrecipes, @shisodelicious, @wholygoodness.

Sobre a autora

Nina Olsson criou o NourishAtelier.com para compartilhar sua paixão pela cozinha vegetariana. Por mais de dez anos, trabalhou na área gastronômica como premiada diretora de arte, produtora visual e designer. Suas receitas apareceram em publicações como *Elle*, *Delicious* e *Women's Health*. Nascida em Estocolmo, Suécia, Olsson vive na costa do mar do Norte, na Holanda, com seu companheiro, Natal, e os dois filhos.

Índice

A

Abóbora
  Hambúrguer de abóbora, 142
Aipo
  Ketchup caseiro, 47
Alga hijiki
  Holandês (hambúrguer), 35
Alho-poró
  Berlinense (hambúrguer), 41
  Hambúrguer picante de fava, 45
Amêndoa
  Biscoito de tâmara com creme de framboesa, 96
  Hambúrguer indiano, 123
  Molho romesco, 63
Amendoim
  Molho satay, 120
Arroz preto
  Hambúrguer proibido, 108
Aveia em flocos
  Hambúrguer de beterraba e quinoa, 148
  Hambúrguer indiano, 123
  Hambúrguer kasbah, 82
  Hambúrguer vegetariano básico, 21
  Nórdico (hambúrguer), 26
Avocado
  Fajita de cogumelo, 132
  Sanduíche no cogumelo, 70
  Sanduíche poke de melancia, 147
  Smörgås búrguer, 48
Azeitona preta
  Tapenade de kalamata, 63

B

Batata
  Chips de raízes, 138
  Fritje oorlog, 42
Batata-doce
  Chips de raízes, 138
  Cunhas de batata-doce, 63
  Hambúrguer de freekeh e açafrão, 81
  Sanduíche no cogumelo, 70
Berinjela
  Hambúrguer kasbah, 82
  Hambúrguer vegetariano básico, 21
  Sanduíche de berinjela com barbecue oriental, 102
Beterraba
  Chips de raízes, 138
  Hambúrguer de beterraba e quinoa, 148
  Hambúrguer marciano, 55

Hambúrguer vegetariano básico, 21
  Sanduíche niçoise, 65
  Smörgås búrguer, 48
Biscoito de tâmara com creme de framboesa, 96
Brioche clássico, 67
Brócolis
  Brócolis picantes, 108
  Hambúrguer habibi, 88
  Hambúrguer proibido, 108

C

Caldo de legumes
  Jaca louca, 145
  Molho barbecue oriental, 102
  Sanduíche de berinjela com barbecue oriental, 102
Capim-limão
  Bali búrguer, 128
Castanha-de-caju
  Biscoito de tâmara com creme de framboesa, 96
  Creme de castanha-de-caju e limão, 123
  Creme de framboesa, 96
  Creme de queijo feta vegano, 60
  Hambúrguer grego, 60
  Hambúrguer habibi, 88
  Hambúrguer indiano, 123
  Hambúrguer picante de fava, 45
  Hambúrguer pós-praia, 151
  Hambúrguer real trufado, 135
  Molho Caesar moderno, 58
  Pesto de coentro, 73
  Toum de castanha-de-caju, 92
Cebola caramelizada, 32
Cebola crua, 30
Cebolinha
  Hambúrguer ensolarado, 74
  Hambúrguer grego, 60
  Hambúrguer habibi, 88
  Hambúrguer proibido, 108
  Nórdico (hambúrguer), 26
  Sanduíche poke de melancia, 147
  Smörgås búrguer, 48
Cebolinha-francesa
  Britânico (hambúrguer), 38
Cenoura
  Hambúrguer de tempeh, 127
  Hambúrguer ensolarado, 74
  Hambúrguer indiano, 123
  Hambúrguer pós-praia, 151

Slaw arco-íris de sobá, 104
Chips de raízes, 138
Chucrute roxo, 42
Coalhada
  Creme de avocado e limão, 132
  Creme de castanha-de-caju e jalapeño, 148
  Creme de queijo feta, 87
  Creme de raiz-forte, 48
  Fajita de cogumelo, 132
  Hambúrguer de beterraba e quinoa, 148
  Molho cremoso de pimenta, 60
  Molho de coalhada, 125
  Molho picante de coentro, 91
  Sanduíche de halloumi grelhado, 91
  Smörgås búrguer, 48
Coco
  Bali búrguer, 128
  Molho satay, 120
Coentro
  Bali búrguer, 128
  Fajita de cogumelo, 132
  Faláfel, 84
  Hambúrguer de beterraba e quinoa, 148
  Hambúrguer habibi, 88
  Hambúrguer lachmacun, 78
  Hambúrguer picante de fava, 45
  Molho picante de coentro, 91
  Pesto de coentro, 73
  Salsa de manga, 128
  Sanduíche de halloumi grelhado, 91
  Sanduíche poke de melancia, 147
  Slaw vietnamita, 104
  Zhug de limão, 87
Cogumelo-de-paris
  Berlinense (hambúrguer), 41
  Britânico (hambúrguer), 38
  Estrogonofe-búrguer, 24
  Hambúrguer caprese, 69
  Hambúrguer clássico do futuro, 140
  Hambúrguer de beterraba e quinoa, 148
  Hambúrguer grelhado, 136
  Hambúrguer kasbah, 82
  Hambúrguer lachmacun, 78
  Hambúrguer vegetariano básico, 21
Cogumelo portobello
  Fajita de cogumelo, 132
  Sanduíche de berinjela com barbecue oriental, 102
  Sanduíche no cogumelo, 70
Cogumelo shiitake
  Bali búrguer, 128

Hambúrguer proibido, 108
Couve
    Hambúrguer de abóbora, 142
    Holandês (hambúrguer), 35
Couve-chinesa
    Slaw arco-íris de sobá, 104
Couve-flor
    Creme de avocado e limão, 132
    Creme de castanha-de-caju e jalapeño, 148
    Creme de castanha-de-caju e limão 123
    Creme de queijo feta vegano, 87
    Hambúrguer indiano, 123
    Holandês (hambúrguer), 35
    Molho picante de coentro, 91
Cremes
    Creme cítrico de castanha-de-caju, 142
    Creme de alcachofra, 152
    Creme de avocado e limão, 132
    Creme de castanha-de-caju e jalapeño, 148
    Creme de castanha-de-caju e limão, 123
    Creme de cenoura e missô, 127
    Creme de framboesa, 96
    Creme de queijo feta, 87
    Creme de raiz-forte, 48
    Creme de queijo feta vegano 1, 60
    Creme de queijo feta vegano 2, 87
Crisps de echalota, 30
Cunhas de batata-doce, 63

E
Echalota
    Crisps de echalota, 30
    Parisiense (hambúrguer), 29
Erva-doce
    Slaw arco-íris de sobá, 104
    Slaw de erva-doce, 32
Ervilha
    Molho de ervilha, 26
Espinafre baby
    Sanduíche no cogumelo, 70

F
Fajita de cogumelo, 132
Faláfel, 84
Fava
    Hambúrguer picante de fava, 45
Feijão-branco
    Bali búrguer, 128
    Creme de alcachofra, 152
    Hambúrguer de abóbora, 142
    Hambúrguer de beterraba e quinoa, 148
    Hambúrguer habibi, 88
Feijão
    Hambúrguer vegetariano básico, 21
Feijão-preto
    Britânico (hambúrguer), 38

Estrogonofe-búrguer, 24
Hambúrguer clássico do futuro, 140
Hambúrguer grelhado, 136
Hambúrguer proibido, 108
Hambúrguer real trufado, 135
Nórdico (hambúrguer), 26
Feijão-rajado
    infalível hambúrguer de lentilha, O, 125
Freekeh
    Faláfel, 84
    Hambúrguer de freekeh e açafrão, 81
    Hambúrguer kasbah, 82
    Hambúrguer vegetariano básico, 21
Fritje oorlog, 42

G
Gengibre
    Bahn mi, 119
    Creme de cenoura e missô, 127
    Gari, 117
    Hambúrguer indiano, 123
    Hambúrguer de tempeh, 127
    Hambúrguer picante de fava, 45
    Kimchi, 110
    Molho barbecue oriental, 102
    Nórdico (hambúrguer), 26
    Sanduíche de berinjela com barbecue oriental, 102
Gorgonzola
    Hambúrguer de abóbora, 142
Gouda
    Holandês (hambúrguer), 35
Gruyère
    Parisiense (hambúrguer), 29

H
Halloumi
    Sanduíche de halloumi grelhado, 91
Harissa caseira
    Hambúrguer de freekeh e açafrão, 81
    Hambúrguer kasbah, 82
    Hambúrguer lachmacun, 78
    Homus de pimentão, 92
    receita, 94
Homus de pimentão, 92
Hortelã
    Hambúrguer habibi, 88
    Hambúrguer marciano, 55
    Sanduíche de halloumi grelhado, 91
    Slaw vietnamita, 104

I
Iogurte
    Creme de castanha-de-caju e jalapeño, 148
    Slaw de erva-doce, 32

J
Jaca
    Jaca louca, 145

K
Ketchup caseiro
    Ketchup com curry, 42
    Molho barbecue oriental, 102
    receita, 47
    Sanduíche de berinjela com barbecue oriental, 102
Kimchi, 110

L
Leite
    Brioche clássico, 67
Leite vegetal
    Brioche clássico, 67
Leite de amêndoa
    Creme cítrico de castanha-de-caju, 142
    Molho de endro, mostarda e castanha-de--caju, 152
Leite de coco
    Molho satay, 120
Lentilha
    Berlinense (hambúrguer), 41
    Estrogonofe-búrguer, 24
    Hambúrguer caprese, 69
    Hambúrguer clássico do futuro, 140
    Hambúrguer lachmacun, 78
    Hambúrguer pós-praia, 151
    Hambúrguer real trufado, 135
    Hambúrguer vegetariano básico, 21
    infalível hambúrguer de lentilha, O 125
Limão-siciliano
    Creme de alcachofra, 152
    Creme de queijo feta vegano 1, 60
    Creme de queijo feta vegano 2, 87
    Estrogonofe-búrguer, 24
    Hambúrguer de abóbora, 142
    Hambúrguer de freekeh e açafrão, 81
    Hambúrguer ensolarado, 74
    Hambúrguer indiano, 123
    Hambúrguer picante de fava, 45
    Hambúrguer pós-praia, 151
    Hambúrguer proibido, 108
    Hambúrguer real trufado, 135
    Harissa caseira, 94
    Holandês (hambúrguer), 35
    Homus de pimentão, 92
    Maionese de limão-siciliano, 45
    Maionese trufada, 135
    Molho Caesar moderno, 58
    Molho cremoso de pimenta, 60
    Molho de endro, mostarda e castanha-de--caju, 152
    Molho picante de coentro, 91

Molho verde de tahine, 87
Muhammara, 92
Nórdico (hambúrguer), 26
Pesto de coentro, 73
Pesto de nozes, 73
Sanduíche de halloumi grelhado, 91
Slaw de erva-doce, 32
Smörgås búrguer, 48
Toum de castanha-de-caju, 92
Limão-taiti
　Bali búrguer, 128
　Creme de avocado e limão, 132
　Hambúrguer de beterraba e quinoa, 148
　Hambúrguer habibi, 88
　Hambúrguer indiano, 123
　infalível hambúrguer de lentilha, O, 125
　Molho cremoso de pimenta, 60
　molho (para Fajita de cogumelo), 132
　Molho satay, 120
　Salsa de manga, 128
　Sanduíche poke de melancia, 147
　Slaw vietnamita, 104
　Zhug de limão, 87

M
Maionese
　Bali búrguer, 128
　Britânico (hambúrguer), 38
　Hambúrguer de freekeh e açafrão, 81
　Hambúrguer de tempeh, 127
　Hambúrguer ensolarado, 74
　Hambúrguer picante de fava, 45
　Hambúrguer real trufado, 135
　Maionese de açafrão, 81
　Maionese de alho, 74
　Maionese de limão-siciliano, 45
　Maionese de mostarda, 38
　Maionese de sriracha, 128
　Maionese de wasabi, 127
　Maionese trufada, 135
　Maionese vegana, 152
　receita, 152
Manjericão
　Hambúrguer caprese, 69
　Hambúrguer pós-praia, 151
　Pesto de coentro, 73
　Pesto de nozes, 73
　Pesto de tomate, 73
Manjerona
　Hambúrguer caprese, 69
Molho barbecue
　Jaca louca, 145
　Molho barbecue de laranja, 138
　Molho barbecue oriental, 102
Molho de pimenta
　Hambúrguer habibi, 88
　Kimchi, 110

Molho hoisin
　Banh mi, 119
　Hambúrguer proibido, 108
　Molho barbecue oriental, 102
　receita, 104
　Sanduíche de berinjela com barbecue oriental, 102
Molhos
　Molho barbecue de laranja, 138
　Molho barbecue oriental, 102
　Molho Caesar moderno, 58
　Molho clássico, 140
　Molho cremoso de pimenta, 60
　Molho de coalhada, 125
　Molho de endro, mostarda e castanha-de-caju, 152
　Molho de ervilha, 26
　Molho de poke, 147
　Molho hoisin, 104
　Molho picante de coentro, 91
　Molho romesco, 63
　Molho satay, 120
　Molho verde de tahine, 87
　Pesto de nozes, 73
　Pesto de tomate, 73
　Toum de castanha-de-caju, 92
　Zhug de limão, 87
Molho satay
　Fritje Oorlog, 42
　Hambúrguer de seitan, 120
　receita, 120
Muhammara, 92

N
Nabo japonês
　Slaw vietnamita, 104
Nozes
　Biscoito de tamara com creme de framboesa, 96
　Hambúrguer grelhado, 136
　Hambúrguer lachmacun, 78
　Muhammara, 92
　Pesto de coentro, 73
　Pesto de nozes, 73
　Sanduíche niçoise, 65

O
Ovo
　Brioche clássico, 67
　Britânico (sanduíche), 38
　Hambúrguer de freekeh e açafrão, 81
　Hambúrguer grego, 60
　Maionese de açafrão, 81
　Maionese, 152
　Pão de quinoa e espelta, 51
"Ovo" de chia
　Hambúrguer de beterraba e quinoa, 148

　Hambúrguer picante de fava, 45
　receita, 14

P
Pão de quinoa e espelta, 51
Papaia verde
　Slaw vietnamita, 104
Parisiense, 29
Parmevegan
　Hambúrguer clássico do futuro, 140
　Hambúrguer marciano, 55
　Hambúrguer real trufado, 135
　receita, 58
Pasta de castanha-de-caju
　Creme cítrico de castanha-de-caju, 142
　Molho de endro, mostarda e castanha-de-caju, 152
Pasta de umeboshi
　Hambúrguer de tempeh, 127
Pastas
　Homus de pimentão, 92
　Muhammara, 92
Pastinaca
　Nórdico (hambúrguer), 26
Pepino
　Slaw vietnamita, 104
Pestos
　Pesto de coentro, 73
　Pesto de nozes, 73
　Pesto de tomate, 73
Picles
　Gari, 117
　Picles de cebola, 30
Pimenta aleppo
　Harissa caseira, 94
　Muhammara, 92
Pimenta-de-caiena
　Molho satay, 120
Pimenta jalapeño
　Creme de castanha-de-caju e jalapeño, 148
　Hamburguer de beterraba e quinoa, 148
Pimenta-malagueta
　Hambúrguer marciano, 55
　Molho picante de coentro, 91
Pimentão
　Estrogonofe-búrguer, 24
　Fajita de cogumelo, 132
　Hambúrguer real trufado, 135
　infalível hambúrguer de lentilha, O, 125
　Sanduíche no cogumelo, 70
　Zhug de limão, 87
Pimentão vermelho em conserva
　Harissa caseira, 94
　Homus de pimentão, 92
　Molho romesco, 63
　Muhammara, 92

Pinhole
- Molho Caesar moderno, 58
- Nórdico (hambúrguer), 26
- Parmevegan, 58
- Pesto de coentro, 73
- Pesto de nozes, 73
- Pesto de tomate, 73

Pistache
- Biscoito de tâmara com creme de framboesa, 96
- Hambúrguer kasbah, 82

Q

Queijo de cabra
- Sanduíche niçoise, 65
- Smörgås búrguer, 48

Queijo feta
- Creme de queijo feta, 87
- Hambúrguer ensolarado, 74
- Hambúrguer grego, 60
- Smörgås búrguer, 48

Quinoa
- Hambúrguer de beterraba e quinoa, 148
- Smörgås búrguer, 48

Quinoa em flocos
- Pão de quinoa e espelta, 51

R

Repolho
- Chucrute roxo, 42
- Kimchi, 110
- Salada de hortelã e cebola, 91
- Sanduíche de halloumi grelhado, 91
- Slaw de erva-doce, 32

Rúcula
- Sanduíche no cogumelo, 70

S

Saladas
- Chucrute roxo, 42
- Kimchi, 110
- Salada de hortelã e cebola, 91
- Slaw arco-íris de sobá, 104
- Slaw de erva-doce, 32
- Slaw vietnamita, 104

Salsa de manga, 128

Semente de girassol
- Berlinense (hambúrguer), 41
- Hambúrguer de abóbora, 142
- Pao de quinoa e espelta, 51

Semente de linhaça
- Hambúrguer picante de fava, 45
- Hambúrguer pós-praia, 151
- Pao de quinoa e espelta, 51

Semente de romã
- Muhammara, 92

Shichimi togarashi
- Hambúrguer de tempeh, 127

Smörgås búrguer, 48

Sobá
- Slaw arco-íris de sobá, 104

Sour cream
- Creme de raiz-forte, 48
- Smörgås búrguer, 48

T

Tahine
- infalível hambúrguer de lentilha, O, 125
- Hambúrguer habibi, 88
- Homus de pimentão, 92
- Molho hoisin, 104
- Molho verde de tahine, 87

Tâmara
- Biscoito de tâmara com creme de framboesa, 96

Tapenade de kalamata, 63

Técnicas básicas
- elementos, 13-14
- guia rápido, 154-155
- ingredientes, 20

Tofu firme
- Banh mi, 119
- Kimchi mee, 112
- Sanduíche poke de melancia, 147
- Sushi-búrguer, 114

Tofu macio
- Maionese vegana, 152
- Molho picante de coentro, 91

Tofu defumado
- Nórdico (hambúrguer), 26

Tomate
- Ketchup caseiro, 47

Tomate seco
- Hambúrguer caprese, 69
- Hambúrguer lachmacun, 78
- Pesto de tomate, 73

Toum de castanha-de-caju, 92

U

Umami, 13-14, 18, 20, 38, 58, 127

V

Vinagre balsâmico
- Hambúrguer caprese, 69
- Hambúrguer clássico do futuro, 140
- Hambúrguer grelhado, 136
- Hambúrguer real trufado, 135

Z

Zhug de limão, 87